U0034375

屍體在說話

死体は語る

上野正彥／著
林美琪／譯

最猛職人 .19
屍體在說話
日本法醫之神帶你看死又看生

原書書名　死体は語る
原書作者　上野正彥
譯　　者　林美琪
封面設計　林淑慧
特約編輯　王舒儀
主　　編　高煜婷
總 編 輯　林許文二

出　　版　柿子文化事業有限公司
地　　址　11677 臺北市羅斯福路五段 158 號 2 樓
業務專線　（02）89314903#15
讀者專線　（02）89314903#9
傳　　真　（02）29319207
郵撥帳號　19822651 柿子文化事業有限公司
投稿信箱　editor@persimmonbooks.com.tw
服務信箱　service@persimmonbooks.com.tw

業務行政　鄭淑娟、陳顯中

初版一刷　2020 年 05 月
　　三刷　2020 年 06 月
定　　價　新臺幣 350 元
I S B N　978-986-98938-0-0

SHITAI WA KATARU by UENO Masahiko
Copyright©1989 by UENO Masahiko
All rights reserved.
Original Japanese edition published by Bungeishunju Ltd., Japan in 1989.
Chinese (in complex character only) translation rights in Taiwan reserved by PERSIMMON CULTURAL ENTERPRISE CO., LTD, under the license granted by UENO Masahiko, Japan arranged with Bungeishunju Ltd., Japan through jia-xi books co., ltd, Taiwan.

Printed in Taiwan 版權所有，翻印必究（如有缺頁或破損，請寄回更換）
歡迎走進柿子文化網 http://www.persimmonbooks.com.tw
～柿子在秋天火紅 文化在書中成熟～

國家圖書館出版品預行編目 (CIP) 資料

屍體在說話：日本法醫之神帶你看死又看生／上野正彥；
林美琪譯 . -- 初版 .
-- 臺北市：柿子文化，2020.05
　面；　公分 . --（最猛職人；19）

譯自：死体は語る
ISBN 978-986-98938-0-0（平裝）
1. 法醫學 2. 法醫解剖學

586.66　　109003813

我處理的死者，都是活著的……

專－家－推－薦

屍體無聲地說著話

屍體訴說著無聲的語言——因為明白那個意思，所以真的很有趣。

——阿刀田高，日本小說家、日本筆會會長

專－家－推－薦

值得所有人閱讀……

《屍體在說話》是上野法醫以人生經歷寫成的科普書冊，值得所有人來閱讀。學會手語，你可以和聾啞人聊天說笑；但死者口不能言，手不能比，只有姿態、痕跡（傷痕）、血跡……

法醫如何能夠替死者翻譯、傳達和伸冤呢？不神通，而是學習所得。怎麼學？看看這本書吧。

——石台平醫師／法醫師，楊日松博士接班人、戴德法醫事務所法醫長

專家推薦

透過法醫師，往生者大體留給世人的無盡價值

人的面相有千百種，人的食物有千百種，人的疾病有千百種，人的死因也有千百種！如何在眾多死因當中找到最適當的醫學答案，是往生者最想留給世人的身教或警惕，也是後世者最想知道的解答或啟示！

從各種書籍的記載中得知，佛陀、神仙、上帝、天使、惡魔、鬼魅、妖怪或冥冥行者，都會有形或無形地傳遞這些生前的訊息給世人，但當世人處於無明、迷惑、鬼魅纏身或神明力有未逮時，誰來當這些死者的代言人？誰來闡釋往生者的死亡真相？那就當然需要遺體的醫學解讀者——法醫師了。

然而，這些法醫師們並不是來傳遞福音或警世箴言的，他們只是探索死亡原因及死亡方式，記錄、驗證和提供死亡真相資訊的醫學解讀者，也是建立死亡真相醫學準則的標定者。每當死亡真相資訊被判定、定錨、標定之後，任何人或從事各行各業的人都可以加以合法的應用。因此，這本書最大的價值，在於往生者的大體能夠透過法醫師們的醫學解讀資訊，提供給社會大眾讀者更深入的有形身心探討，或是無形精神升華所產生的無盡應用價值！

舉例來說，本書的〈腹上死〉，針對死者的解剖後死亡原因和死亡方式說明了一個婚姻以外的老少戀悲劇，也透過遺體的解剖在醫學上解讀出老年人疾病的無奈和輓歌。人生得意須盡歡，花開堪折直須折，奈何心病使人死，老少歡愉婚外隔。在這樣的死亡原因和死亡方式解讀下，雖說「牡丹花下死，做鬼也風流」，奈何社會百態，潛在身體危險因素和社會的情色誘因都可引發讀者得的遐想或深思！

最後，期望臺灣的法醫師們能更加努力，出版臺灣本土的法醫解剖案書籍，提供廣大社會讀者更大的正向鼓舞力量！

——吳木榮醫師，臺大醫學院法醫學科暨研究所、臺大醫院病理部

法醫沒有那麼神奇鬼怪

在東京都監察醫務院當了三十年的監察醫、相驗及解剖兩萬件左右的上野正彥法醫師，利用自己的經驗和實務，寫出了屍體的無聲證言。

最難能可貴的，他利用通俗故事般的說法來陳述，使讀者易於理解。

從第一個故事——〈與死者的對話〉中，小女孩被熱水燙傷死亡，雖然母親陳述是孩子自己撞到煤油爐打翻熱水所造成，再藉由相驗時受傷部位與分布，才終於讓母親坦誠自白，而寫出了「活著的人話中有謊言，然而，沉默的屍體絕不會騙人」的開始；經到年輕女子服用安眠藥自殺死亡，父母報請領意外死亡保險金，卻在相驗後找出父母為領保險金而燒掉遺書之〈保險金惹的禍〉之實例；到後來年輕女性水中漂流屍之案，起初懷疑是溺斃，但是頸部有斜往後上方的上吊痕跡，單純溺死或上吊都無法解釋，因而司法解剖推論〈地藏揹法〉的特殊殺人手法案件破案的精采案例……

透過這些案例，上野法醫師向讀者娓娓道出了「絕非法醫一個人獨立作業，而是團隊合作才能完成」的鑑定。

除此之外，在〈截然不同的結論〉中，上野法醫師更進一步指出不同法醫師有不同結論，這是法醫實務中十分常見的情況，從中再度強調彼此溝通的重要性。當然，他也順道提出監察醫制度的需要性，這不只是在日本如此，和我們本土法醫制度人員缺乏有相同的困境。

法醫的工作絕非單純的相驗屍體，而是找出真相並呈現社會正義福祉的表現，同時也擁有社會病理學家的角色。這是一本道出法醫絕非神奇鬼怪的行業，而是追求社會正義和真相維護社會平安的工作，並進一步道出法醫師這個職業所需要的誠信和道德義務，是值得推薦給一般讀者和法醫新進者的一讀好書！

——孫家棟教授，臺灣大學法醫學研究所

專｜家｜推｜薦

具科普性質的大眾化法醫鑑識與偵查書籍

作者以敍事的方式，深入淺出地介紹在微物鑑識能力受限年代的各種案件，以邏輯推理能力為主軸，結合對人性的觀察、偵查資訊的掌握與現場所見狀況，協助警方解決許多懸疑且棘手案件。

書中案件態樣多元化，如安眠藥、砒霜、瓦斯、精神病患至現代各種文明病等，顯示作者豐富的法醫閱歷，實為一部具科普性質的大眾化法醫鑑識與偵查書籍。

——曾春僑，臺灣警察專科學校科技偵查科副教授

具－名－推－薦

冬　陽，推理評論人

沈伯洋，臺北大學犯罪學研究所助理教授

許伊妃，送行者、精靈茶會創辦人

楊貴智，法律白話文網站站長

簡嫚書，知名演員

目次

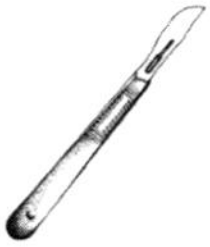

與死者的對話

我當上醫生時，曾經一度不知該專攻哪一科。

說來可笑，進入醫學系時，我滿腦子只想著希望能成為醫師，可一旦畢業、結束了實習、通過了國家考試，卻不知道該選哪一科才好。

家父於偏鄉執醫，是個根本沒分科的萬用醫師。除了肺炎、結核、傷寒、扭傷、骨折、刀傷之外，還要看中耳炎、砂眼，甚至是接生，而且不分晝夜，當地人生什麼病就看什麼病，若遇到重症患者，就往遠地的城鎮醫院送——簡單來說，就跟野戰醫院差不多。

在這種環境下長大的我，想都沒想過醫師必須專攻某一科。後來對醫學有所了解，逐漸知道光搞定一科就夠累了，要全能地為病人看診根本不可能，便更加苦惱不已了。

內科，是從身體外部診察患者，預測他體內的疾病再施以治療，因此很困難。這種狀況就跟摸著餐盒猜測裡面是紅豆飯或牡丹餅[1]一樣，見仁見智，有時很不靠譜。

外科呢？更草率，不好的地方就割掉，當時我甚至覺得這樣根本不算醫師。

想來想去，始終找不到適合自己的科別。也不是沒想過，為兼顧興趣與利益，乾脆投入婦產科算了。

後來怎麼樣了呢？當上醫師後，我就跟活人無緣了，因為我選擇走上法醫這條路。

雖然原因、目的都不是很確定，但我的想法是，**與其貿然成為臨床醫師為人看診，不如先研究人的問題，即生存的意義乃至死亡為何**，這對將來自己面對病患來說，應該會是加分的。

「醫生不是在做生意。」家父對此大表贊成。我就這樣在毫無臨床經驗的情況下進入了大學法醫學教室；我認為，即便日後回去當臨床醫師，這二、三年的研究生活也絕對不會白費。此後整整四年，我一直以動物做中毒、血清學實驗，但這不是我期待的法醫學，總覺得在隔靴搔癢，還是要站在事件現場驗屍、解剖，這樣的實踐醫學才符合我的個性。

東京都有一所監察醫務院[2]，專門相驗異狀屍體（非自然死亡或異常死亡），必要時

---

1 一種用紅豆泥包覆住糯米糰的日本傳統點心

2 全名為「東京都監察醫務院」，負責都內二十三區非自然死亡之屍體相驗、解剖業務（行政解剖）等，性質約等於臺灣的法醫研究所。

會解剖屍體來確定死因等，除了協助警方驗屍以維護社會秩序，同時也能對提升公共衛生及預防醫學做出貢獻。

通常來說，患者會告訴醫師他有哪些病狀，例如咳嗽、發燒，然後接受治療；然而有時候，好端端的一個人也會突然死亡。這樣突如其來的死去，恐怕旁人、家人，甚至連死者本人都一頭霧水，徒留病死或事故死亡、自殺或他殺等一大堆疑問。

監察醫務院的存在，就是為了解答這些疑問，維護來不及說明便一命嗚呼者的人權，可說是站在死者這邊的法醫學重鎮。

於是，我成為監察醫務院的法醫。

從那時起，我就一路埋首其間，等回過神來，已經不想回去當臨床醫師了。

一名女童在地上爬啊爬，撞到了煤油爐，結果太倒霉，爐上正放著裝著滾燙熱水的水壺，水壺掉到女童背上，造成嚴重燙傷；雖然送醫急救，但很遺憾，不到一天便死了。

女童的母親簡直瘋了。主治醫師開出燙傷致死的死亡證明書，女童的父親持證明書到區公所辦理死亡登記，卻因為是外因致死（因熱水這種外力作用導致死亡），一般醫師開立的證明書無法當成正式文件，並不被受理。

法律規定，這種情況下，醫師必須向警方提出異狀屍體（異常死亡）的通報，特別是東京有監察醫制度，法醫會在警方的會同下進行驗屍。

為什麼要這樣？因為即便負責治療的醫師知道死因是燙傷，卻不知道女童背部淋到熱水的原因；他不能光聽家人、周遭人的一面之詞便判斷死亡種類為意外事故死亡。然而，警察是可以介入他人隱私進行偵查的，因此，必須由警方調查是否有其他狀況及原因才發生事故，這樣才能夠維護女童的人權。

女童父親將區公所不受理的死亡證明書拿回醫院，主治醫師才注意到這件事，立即提出異常死亡通報。

法醫帶著助理坐進相驗專用車。司機十分熟悉都內環境，一路避開塞車路段，火速趕往提出委託的警署，然後在警察的帶領下走進醫院的太平間。向遺體行注目禮後，法醫助理脫掉女童的衣服，解開她身上一層又一層的繃帶。

法醫傾聽警察說明偵查狀況，同時開始驗屍。一看見女童背上的燙傷痕跡，法醫不由得暗吃一驚，因為那痕跡的形狀竟然是圓的！

女童的母親心慌意亂，無法詳細說明意外發生的原委，不過她確定是女童自己撞到煤氣爐，才導致裝了熱水的水壺掉下來，純屬個人過失。但是，若真是如此，熱水應該會不規則狀地潑在女童背上才對。

狀況與相驗結果不同，一定有人說謊。既然法醫指出了疑點，警察決定重新偵查。

花了一段時間後，女童的母親才終於招供。原來，女童有發展遲緩的情況，母親對她的前途感到悲觀，於是佯裝過失，實乃蓄意謀殺，將水壺的熱水澆在女童背上。

這名成為家人負擔的發展遲緩兒是家中次女，她的母親出於自我本位思考，認為對整個家庭、對女童本人而言，死亡才是最好的救贖。不過，壞事未能順利得逞——熱水的水量太少了，被女童身上的衣服吸收而流不下來，就這樣留下了圓形的燙傷痕跡。

顧不得兩人為母女的至親關係，被害者對加害者的死命抵抗，讓熱水怎麼也流不下來。這是老天有眼？還是女童的死不瞑目？

不論如何，此異常的燙傷痕跡成為破案的線索。

醫院的醫師因一心搶救女童而沒能想到這樣的細節，這點雖然無可厚非，但絕對不能忘記通報異常死亡。幸好區公所負責戶籍業務的人員夠資深，才能當成異常死亡處理，循正規管道進行驗屍，讓案情得以水落石出。

聽說，現在有些年輕媽媽，在得知胎兒肢體不全後，擔心自己無能力扶養，便滿不在乎地請醫師墮胎。這根本就是自我本位、任性，不把生命當生命看待。

且不談她們為何如此，我要說的是，法醫看醫學的方向與臨床醫師正好相反。

先有屍體。

然後調查死因。

讓與這起死亡相關的各種情事逐漸浮上檯面。

活著的人話中有謊言。

然而，沉默的屍體絕不會騙人。

透過仔細的相驗、解剖，屍體會主動訴說自己是怎麼死的。

傾聽死者的心聲，正是法醫的工作和職責所在。

我認為，在仔細聆聽「屍體說話」以充分維護死者生前的人權同時，如果還能從眾多解剖結果中，多少找出維持身體健康的方法以嘉惠活著的人，那麼，即便我無法直接治療病人，也算完成了做為一個醫師的使命才對。

吃人肉獵奇事件

從前，日本有一位首相，名字叫吉田茂。

吉田首相的年紀雖大，卻精神矍鑠。在某次訪談中，對方問他長壽的祕訣：「您是不是很注重飲食呢？」

他笑著回答：「那當然，我就是吃人肉才活到這把年紀的啊！」

這種法式玩笑話極富幽默，也可窺知他的個性，非常有意思。

不過，同樣是吃人的話題，接下來所要說的，可就嚴肅多了。一架客機墜落於安地斯山脈，雖然不幸有人罹難，但倖存者也不少。根據報導，由於遲遲未能找到墜機地點，所以花了好多天才救出倖存者[1]。在此之前，由於糧食極度匱乏，這些人不得不吃死者的肉來維持生命。印象中，好像也有人選擇不吃而活活餓死。最後，這些倖存者因為符合緊急避難（迫不得已的行為）要素而免負法律責任。

不過，我碰到的案子就有點不一樣了。

從事資源回收的老池是個怪咖。心血來潮就會拉著推車去撿破爛，其餘時間幾乎都窩在臨時搭的小屋裡，在破銅爛鐵的包圍中喝著燒酒，與幾隻小貓相依為命。附近的家庭主婦們都明白這個狀況，有時會拿剩飯剩菜餵食小貓。

有一次，人們發現少了一隻貓。

「怎麼回事？」有人問。

「我沒下酒菜，就把牠烤來吃了。」老池若無其事地回答。

像這樣令人毛骨悚然的事情，也流傳過。

年過六十的老池住在鬧區後面空地一角，雖然被大家視為怪咖，但或許是老街比較有人情味吧，他依然能過著我行我素的生活。

不過，最近他比較少外出幹活了。由於一連四、五天都不見人影，附近的家庭主婦很是擔心，就跟酒鋪老闆商量是不是到他家去看一看。

「這麼說來，的確這幾天他都沒來買酒呢，那麼……」於是，酒鋪的老闆去了一趟，從沒有門板的出入口窺探屋內。

「啊——」

---

1 一九七二年烏拉圭空軍五七一號班機空難，實際上是經過七十二天才救出倖存者，所以應該是好幾個月，這個空難事件曾二度改編為電影。

老闆一路大叫著跑了回來，喊說：「有一個怪物睡在那裡！」

這下事情大條了。

附近的人全聚集了過來，提心吊膽地往裡頭瞧，騷動愈演愈烈。原來，老池死掉了。

不一會兒，警車便呼嘯而至。警察進到屋裡，確認了現狀後，立刻拿起無線電開始聯絡。小屋四周拉起黃色封鎖線，本廳的搜查一課和鑑識的車子陸續趕了過來。

怪物仰躺在宛如鋪了一萬年沒動過的被褥上，身體還有些超出被褥。鼻子、嘴巴周圍有數不清的蛆在蠕動，只能從眉宇之間勉強看得出是老池。右頰到右顎之間有白色的下顎骨外露，整張臉已經腐敗到跟閻羅王一樣恐怖，也難怪酒鋪老闆要驚呼「一個怪物睡在那裡」了。

這是一個寒風刺骨的季節，老池穿著好幾層髒兮兮的衣服，下半身卻不知為何光溜溜的！兩腿稍微張開，下體像被挖掉一個倒三角形般，陰莖、陰囊、睪丸全都不見了。

真是聳人聽聞的離奇事件。

上回發生離奇事件，是昭和十一年轟動社會的阿部定事件吧。當時，在料亭[2]當女服務生的阿部定殺掉自己的老闆石田吉藏，切下他的生殖器，在屍體的左大腿內側用鮮血寫上「只有定吉兩人」，在左手臂用刀子刺上自己的名字「定」，然後逃逸。

兩天後，阿部定被逮捕了，據說當時她還極寶貝地保存著她割下來的男性生殖器。從此，這起離奇的命案就成為大眾津津樂道的轟動話題了。

不過，就醫學上來看，這兩人是屬於虐待狂與被虐待狂的關係。透過虐待異性，給予精神上、肉體上的痛苦而獲得性快感，就叫做虐待狂，反之就是被虐待狂。

一般來說，男性偏向虐待狂傾向，女性偏向被虐待狂傾向，因為女性多屬被動方，所以多半是被虐待狂。不過，吉藏和阿部定的關係剛好相反，據說吉藏是強烈的被虐待狂，阿部定則是虐待狂。

老池的狀況，是否也隱藏著相似的背景呢？小屋裡屍臭充斥，根本無法呼吸，又有蛆蟲鑽來鑽去，害得有些警員猛吐口水，有人甚至哇啦啦地狂吐不止。鑑識的相機閃光燈一閃，一隻小貓嚇得從小屋角落逃之夭夭。屋內正在現場檢證，同一時間，屋外也有便衣刑警展開私下查訪。

是法醫出動的時候了。

再怎麼習慣，這種場面總是令人難捱。又髒又臭，誰受得了？再看到一大群蛆蠕動的模樣，體內便竄起五臟六腑要暴動般的異常感，好不噁心！儘管如此，工作就是工作，絲毫馬虎不得。刑警戴上橡膠手套，脫掉老池的衣服，使之全裸——又是個折騰人的差事。

隨後開始相驗。頭部無外傷，頸部也找不到勒痕。只不過，右耳垂只剩下一半，留有鋸齒狀的傷口；由於周圍沒有出血，判斷是死後的損傷。

生殖器也和耳朵一樣，被挖掉了，周邊沒有出血，現場也沒有血跡。此外，老池身上看不出來有與凶手打鬥的凌亂或抵抗過的樣子，也沒有防禦傷。

所以，應該是死後才被挖掉的吧！然後，下腹部有十多條或直或橫的線狀擦傷，東一條西一條的。不過，從外觀來看，這些應該不會是死因。

從警方的查訪及其他搜查狀況來看，並無任何疑點，沒有線索顯示是凶殺案。最後，為了查明死因，決定將屍體送到監察醫務院進行行政解剖。

在解剖室燈光的照明下，法醫及會同警官等近十人的目光，全都聚焦在屍體上。

手術刀從胸口劃向腹部。

各臟器都腐敗得相當嚴重，但沒有明確的病變，僅肝臟有肝硬化現象，應該是酒精中毒。頭蓋骨也掀開了；不過，並無外傷，也沒有腦出血的現象。

屏氣凝神中，解剖繼續進行著。

「就是這個。」法醫這麼一說，眾人目光便全往那個方向射去。喉部的氣管入口處，塞了一塊核桃大小的食物。閃光燈啪啪啪地一閃一閃。用小鑷子邊撥鬆那個如湯圓般的食物塊邊觀察，那像是一小塊鮪魚；就是這玩意兒堵住喉嚨而窒息的。

生殖器、顏面、右耳的損傷，以及下腹部的線狀擦傷，全部都無生活反應（生前的外傷），顯然是死後的損傷。

雖然必須等待胃內容物、血液、尿液等的化學檢驗結果出來才能下結論，但解剖結束時，已經推定是愛喝酒的老池喝酒時把鮪魚生魚片當下酒菜，結果不小心卡住喉嚨，導致窒息而死。

主人驟死，幾隻小貓就無人餵食了。當小屋內的食物全都吃得精光後，就只剩下老池喉嚨卡著的那塊魚肉。餓貓為了吃那塊魚肉，拚命地啃咬老池的嘴巴四周，但還是搆不到喉嚨深處的魚塊。由於老池的臉稍微朝向右下方，於是口水沿著臉頰流到右耳，餓貓也就從右臉頰一直啃咬到右耳垂。

到這裡為止的推理還算簡單，老池耳垂上的鋸齒咬痕也佐證了這個論點。不可能是老鼠或是狗咬的，因為齒型不一樣。

那麼，下體是怎麼回事？看起來像是被挖掉的，但沒有出血等生活反應，黃色的皮下脂肪外露，因此斷定是死後的損傷。然而，骯髒成這樣的小屋，不會有女性來訪才對啊。

「難道又是貓搞的？」會同解剖的檢屍員[3]咕噥說。

若是這樣，那就表示老池死前下半身沒穿。可是，又不是酷暑時節，反倒還覺得冷颼

[3] 負責檢驗屍體、區分案件性質、決定是否施行解剖、與法醫溝通的警察，隸屬刑事部搜查一課或鑑識課，擔任檢屍員的條件是，必須在警察大學學習過法醫學、階級為警部和警視以上，並且具刑事搜查經驗。

颼的呢！如果檢屍員猜得沒錯，那麼下體應該也沾有魚腥味才合理。

獨居的老池脫下長褲，下半身光溜溜，然後沾上魚汁之類，讓貓去舔舐，藉此享受快感……這會是我想像力太豐富嗎？

下腹部的線狀擦傷像是貓的爪痕，由於這是難以啃咬到的胯下部位，會產生爪痕並不奇怪。

雖然這樣的想法有點腦洞開太大，但還在推理範圍內。現場原本應該有幾隻貓的，但案發現場卻只發現一隻，是因為食物吃光光了，所以跑到其他地方去了吧！

幾天後，化學檢驗報告出爐。血液、尿液中被檢出大量酒精，胃內容物並無毒素。老池果然如同先前的推測，是在爛醉狀態下被魚肉噎到，窒息而死。

從陰莖到睪丸整副被挖掉的離奇事件，結果以凶手是貓而結案。最後，變成一個讓人思考「當人被逼到絕境，無食物可吃時，會怎麼樣呢？」的一個事件了。

失蹤的遺體

每到一月中旬，天氣就會變得特別寒冷。比起溫暖的季節，嚴寒時節會有比較多人死於非命，特別是老人家猝死的案例會增加許多。

法醫沒有在過年過節的。遇上連續假期時，因為醫院、診所都休診，沒有醫生幫忙看病，死於非命的案子自然就變多了，我們也會因而更加的忙碌。

就在這種時候，有一天，警視廳搜查一課的兩名刑警來找我。

提供醫學知識協助警察鑑識，也是法醫工作的一部分，因此在驗屍現場，我們常會被問到一些醫學問題。有時還會有警官從北海道或九州等地打電話來問問題，諸如「眼瞼結膜下有出血點算是病死嗎？算的話，死因會是什麼？」這種高水準的問題還真不少。

這也難怪。面對異常死亡的屍體，究竟該如何判斷才對？而不同的判斷結果，有時會變成單純的死亡，有時也會變成殺人事件。這些徘徊於十字路口上、身負重任的警察、檢屍員內心常有的苦惱，總會從他們的電話中透露出來。

然而，今天的問題不尋常。一看到我，那兩名曬得烏漆抹黑的刑警劈頭就問：

「是這樣的，我們負責一起女大學生的凶殺案。」

「判斷屍體是埋在八王子一間別墅附近，所以我們把那一帶全挖遍了，但大半年都過去了，還是找不到屍體。」

特別是進入十二月後，氣候更是天寒地凍，關東壤土層凍結了二十到三十公分深，更是難以挖掘。他們攤開雙手給我看，上面滿是豆子般的水泡，還有厚厚的繭。

這起案件的始末是這樣的，某大學研究所的女研究生與有婦之夫的副教授發生不倫戀。副教授承諾將揮別妻子，與她結婚，但卻始終沒有兌現承諾。

對男人而言，離婚並不是說切就切這麼簡單——依常理判斷，這種說辭多半只是為了維持雙方肉體關係的藉口罷了。就這樣，兩人口角不斷，女研究生愈是力爭一個妻子的名分，副教授就愈嫌她煩。

那年，才剛進入暑假不久的七月中旬左右，女學生便失蹤了。她寫信跟家裡人說：「我要出去旅行兩個禮拜。」但其實，這時候的她已經遇害了。

副教授花了許多心思製造不在場證明，另一方面，他卻又對學校裡的摯友坦承，他用了「非常手段」把事情解決了。在良心的苛責下，他的精神狀態變得極度不穩定。

暑假結束，新學期才要開始的九月上旬，有人在伊豆半島的石廊崎地區，發現副教授一家四口集體自殺的屍體。

說來諷刺，這起女研究生命案，是在媒體報導副教授全家自殺而採訪其自殺動機時，才又知道副教授因為情感糾葛殺害了自己的學生。換句話說，是在一個事件完全終結時才被發覺，然後又展開調查。

然而，一如關係者所言，女研究生是否真的被殺還是個未知數，因為遺體尚未找到。

大學校園這樣的特殊環境，加上師生戀的愛憎、凶殺、全家集體自殺等，戲劇性要素一應俱全，內容駭人聽聞，這起案件很自然地引發社會的高度關注，成為媒體競相捕獵的餌食，被鉅細靡遺地大肆報導。而且，大家都說女研究生早在兩個月前就遭到殺害了。

警視廳立即成立搜查本部，展開遺體搜索行動，但這起命案與凶手在逃事件不同，因此搜查員人數相當少。即便如此，警方也不願聽到「殺人後，把屍體埋起來就找不到了」的質疑，從這兩名刑警滿是水泡的手掌，完全感受得到他們辦案的氣魄與破案的執著。

經過半年的持續搜查仍然找不到遺體；別墅附近都挖遍了，真的是累死人又急死人。最近，因為地面結冰的關係，搜查工作不得不延至春天，刑警們只得無奈暫停，研究春天以後的搜查方法。

他們來找我，目的就是詢問有無找出遺體的好方法。

一般他們會向法醫詢問關於驗屍、解剖的問題，但這次他們來找我，問的卻是如何找出埋在地底下的屍體。

我以前做過屍體腐敗方面的研究，但一時還是覺得難以回答。不過，我沒有對此做出回應，反倒開啟了一個風馬牛不相干的話題。

「我認為遺體不會在別墅附近……」

被我突然這麼一說，兩位刑警立刻表示出他們的困擾和不以為然。畢竟他們倆始終抱持信心、鍥而不捨地在追查，有這種反應很理所當然。

「兩位如此盡心盡力在挖掘，我說這種不負責任的話肯定是要挨你們罵的，但請把我的話當做參考吧——我認為屍體應該在水中或湖底。」

「咦？湖底?!」

「是的。」

從媒體報導這起案件開始，我一直持續關心著，也自己推理了起來。我之所以認為屍體沉在湖底，原因有兩個。

首先，凶手一家人是投水自盡的，依犯罪心理學來看，或許殺人行為也是在水中進行的：很有可能凶手是用水殺死小三的，才打算自己也回歸水中。如果只想要全家一起死，何必特地跑到石廊崎去投崖自盡，有很多方法更容易達成目的不是嗎？

另一個理由是，堂堂東京都警視廳都花了大半年把別墅周邊翻了一遍，依然找不到，就是因為遺體根本不在那裡。

「我認為不在別墅附近，應該是沉到很深的湖底之類的……」

「法醫，您錯了。」

彷彿等不及我把話說完般，一名刑警斷然否定我的推論。兩人的表情都充滿了自信，他們不認為遺體會埋在別墅周邊以外的地方，是透過搜查過程實實在在得出的推論，而非像推理小說解謎那樣大玩跳躍式的、華麗的理論。

暑假才開始不久的七月中旬，女研究生和副教授為了談判要分手或繼續在一起，計畫了一趟京都旅行。兩人在東京車站碰面，預定搭下午四點的新幹線「光號」。不過，他們並未上車。

長相廝守？分道揚鑣？對於這趟即將做出結論的京都之旅，女研究生充滿了期待。因此，旅行計畫中止，人都到了東京車站才突然改成前往相模湖或蘆之湖，原因應該不會出在她這邊才對。

這不是觀光旅行，也不是蜜月旅行，而是決定女研究生未來人生的重要旅行，按理說不可能這麼輕易改變目的地，若不是有相當的理由，不可能不依計畫前去京都。

副教授經常向恩師教授商借他位於八王子的別墅來與女研究生約會，教授也很擔心他們的事，好幾次提供了意見。

副教授說服女研究生一起到教授的別墅，找教授一同商量，討論出大家都能夠接受的結論，就這樣半強迫地改變了原本的京都旅行計畫——這樣的推理應該不會錯。前往京都的兩張車票還放在副教授研究室的書桌上，這點說明了什麼？除了他們一起到了別墅，想不出其他可能。

這個結論，與女研究生的一隻鞋子在別墅附近找到，以及其他的搜查狀況一致，因此不是單純的推理，而是有狀況證據佐證的。

面對這番極具說服力的推論，以及刑警們的氣魄，我腦中那鬧著玩般的推理一整個煙消霧散。

結果，話題又回到別墅周邊的挖掘工作上；這下子我非回答刑警的問題不可了。

人死掉後會開始慢慢腐敗，夏天和冬天的腐敗速度截然不同。東京和大阪的腐敗進行狀況也有偌大的差異。即便在同一間屋子，日照佳與日照差的結果也是大相逕庭，此外，胖子和瘦子也有差別。換句話說，腐敗並無一定的基準，不可一概而論，判斷死後變化最困難的地方就在這裡。

曾經，有位名叫卡斯帕的學者指出，假設置於空氣中的屍體的腐敗進行速度為一，那麼水中屍體的腐敗速度將會慢上二倍，埋入土中的話則慢八倍。雖說如此，也不是所有屍體都適用這個基準。

無論如何，女研究生算是埋入土中半年了，而且還在東京的八王子經過了夏、秋、冬三個季節。

一般而言，開始腐敗時氧化作用較強，會變成酸性腐敗並產生氣體，屍體會腫脹成溺水浮屍那般。然後，身體的蛋白質會分解，於是組織開始融解，並流出腐敗汁液，接著就會變成鹼性腐敗，產生強烈的惡臭。

不過，屍體若是被埋在地下二十至三十公分處，腐敗惡臭是不會竄到地面上來的。當然，我們或許可以利用狗的嗅覺進行搜查，但警犬並未接受嗅聞人體腐臭味的訓練，要讓牠們記住這種氣味得花上好幾年時間；即便訓練好了，屍體若是被埋在地下二十至三十公分處，就連警犬的鼻子也沒輒。

我曾利用池中的死鯉魚、死金魚做實驗，分別將牠們埋進深五公分、十公分、二十公分的洞裡。附近的貓咪走過來，將埋在深五公分洞裡的魚挖出來吃掉，但到了超過十公分以上的洞，大概是臭氣被封鎖在地底下的關係吧，貓咪直接走過，毫無察覺。

「法醫，難道沒有探測器之類的東西嗎？」

臭味和聲音不同，不容易數值化——惡臭公害就是因為無法數值化而難以取締。總歸一句，要找出鹼性腐敗的臭味，只能靠人類的鼻子了。

與其不斷用鏟子挖，不如把管子打進選定的位置裡，然後聞裡面的味道。這麼一來，即便地面結冰，要聞出管子裡的泥土味道也不是不可能——我這麼和他們說。

「探測器就是我的鼻子嗎？」刑警捏著自己的鼻子笑了。

一個半月後，某個寒冷的大清早，我被電話吵醒。

「法醫，是我。謝謝您的幫忙，我們找到了。」

好熟悉，是那名刑警亢奮的聲音。媒體都在大肆報導女研究生遺體尋獲的消息——

鍥而不捨的七個月

別墅後面，地下五十公分處

利用土鑽器發現屍臭

標題十分搶眼，還登出兩名立下大功刑警的照片。凶手已死，且無目擊者，這樣一起被人們認為「行凶後掩埋屍體便能神不知鬼不覺」的棘手案件，不必等到春天就解決了。

親子鑑定

在日本，有愈來愈多女性踏入社會，並且表現活躍，不過，隨之而來的是離婚案例也變得不亞於歐美了，再加上性觀念開放的關係，親子鑑定的案件正逐年增加中。

過去的親子鑑定，一如大岡越前守[1]的裁決，由於沒有科學鑑定方式，只能訴諸人情。從前在法國也一樣，母親生下私生子後，有權決定誰是孩子的父親，結果往往是——母親會從與之發生關係的男人當中，挑選經濟能力佳者為孩子的父親，這也讓有錢的花花公子相當困擾。

時至今日，專家對血型的遺傳形式已有相當詳細的研究，對於形態學的遺傳形質研究也正持續進行中，目前都是綜合指紋、掌紋、人類學的活體軀幹測量、婦產科學的考察等來進行鑑定，主要由法醫學者負責。

[1] 大岡越前守：大岡忠相，江戶時代中期的幕臣，擔任越前守，深受百姓愛戴。

血型的遺傳形式如果不合，就能斷定不是親子關係；血型吻合的話，還要算出親子關係的機率來加以判斷。不久的將來，待染色體的研究更加進步，親子鑑定就能更科學，達到更高的準確度2。

法醫學者的鑑定報告終究只是裁判上的參考資料，最後仍以法官的裁決為準。雖說如此，法官還是會尊重法醫學者的見解，這點自然是不在話下啦。

這裡，我想介紹兩起與親子鑑定相關、但判決結果相異的案件。

首先是一起曾經佔據晚報一個小角落的事件。

一名膝下無子的某公司分店長以肉身衝撞電車自殺。當時他搭著公司接送的轎車去上班，行經平交道時，遇上電車即將通過，司機便停下車來等待。此時，坐在後座的分店長卻冷不防地打開車門衝出去，鑽過柵欄，撞上疾駛而來的電車。

這件事來得太突然，司機手握著方向盤，整個人驚呆了。對此，大家認為分店長自殺的動機是跟工會交涉談判忙得心力交瘁，再加上初老期的憂鬱使然。

守靈那晚，一名嬌小的中年婦女帶著一個小學三、四年級的男孩過來，為這起事件掀開紛亂的序幕。前來守靈的親戚和公司同事，全都不認識這名帶小孩的婦人。這名婦人打扮優雅，在氣氛悲慟的靈堂裡格外引人注目。

有人覺得奇怪，上前客客氣氣地詢問：「請問您是哪位？」

沒想到卻得到了出乎意料的回答：「我和他的關係，已經十年了。」

分店長太太大吃一驚，簡直晴天霹靂，再沒如此荒謬的事情了。她斷然否定說：「不可能，我老公和我之間不可能有這樣的祕密。」

不過，婦人把小男孩拉過來說：「這就是鐵證，他是我和孩子的爸生的。」隨後，她從皮包中拿出幾張照片。

照片中，小孩在中間，一家三口和樂融融的。照片中的母親與兒子就是此刻站在眼前的兩人無誤，而那個狀似父親的人，的確是自己的丈夫。

沒有人知道分店長有小三，甚至還有私生子。而且，小孩都十歲了，可見這個祕密隱瞞了十年以上。

分店長太太大受打擊，而且果然不出所料，小三要求讓小孩認祖歸宗並繼承遺產。

真是一個不平靜的守靈之夜。

除了幾個至親留下，其餘客人全都早早回去了。一直被老公蒙在鼓裡且無一兒半女的太太好可憐。今晚這一局，看起來是原配輸了。一名陌生女子帶著小孩煞有其事地突然出現在丈夫的守靈之夜，而且還要求讓孩子認祖歸宗。這事實在太叫人氣憤了，而且無法置之不理。原配再如何難以啟齒，也不得不開口了。

---

2 作者當年尚未發展出以DNA、染色體多能性鑑定親子關係的技術，所以主要依據的是親子鑑定（又稱親緣鑑定，利用醫學、生物學、遺傳學的理論、技術分析遺傳特徵）和血型測試。

「我們夫妻之間的祕密實在沒有必要對妳這個陌生人說，但妳的要求太荒謬、太不合理了，顯然是為爭遺產而特意演的一齣戲，我根本不想理妳，但妳再囂張，我就不得不把話挑明了……」由於已經恢復冷靜，太太一時驚慌的語氣也轉為曉以大義的口吻。

「告訴妳吧，其實，我先生得了無精子症。」

多有震懾力的一句話啊！至親們多少知情，但再次從她口中聽到，更加叫人無限同情這個沒有孩子的妻子了；同時，這句話也具有充分說服小三的力量。

「我們結婚這麼多年，一直沒能有小孩，所以，他是不可能跟妳生下孩子的！」說著說著，太太再次情緒激動了起來，想必是又怒火中燒了吧，最後怒斥對方一聲，「少騙人了，撒謊也要打個草稿！」

分店長太太打出了最後的王牌。

不過，小三也不是省油的燈，非但毫不退縮，反倒鬥志高昂地展開反擊。她說：「妳現在不認這孩子也無所謂，反正我到法院申請親子鑑定就行了。我早料到會走到這一步，已經跟律師討論好對策了。」

原來如此，背後還有軍師幫忙出主意。

小三又說：「我到事故現場，撿了他的一些骨頭和肉片。我會將這些東西交給法院，請他們做親子鑑定，證實親子關係。」

這是有備而來的逆襲啊！

承受懷胎十月之苦而生下來的孩子就在這裡。

好個強悍的母親。

幾名男性至親原本是要留下來當參謀，好對付這名難纏的女子，沒想到事情超展開，使得他們全都束手無策了。

最後，事情演變成民事訴訟。法院將小三提出的骨頭和肉片委託某知名法醫學者進行鑑定。

鑑定的第一件工作是先確認這個骨頭和肉片不是其他動物，而是人類的。幾個月後，鑑定報告送到法院。

鑑定報告確認這是人類的骨頭和肉片，骨頭呈扁平狀，是形成骨盤的髂骨的一部分。血型方面，骨頭和肉片都是B型，換句話說，判斷分店長是B型。而那名小三是O型，小男孩是B型。B型的分店長與O型的小三，生下B型的小男孩並不矛盾，但不能依此判斷小男孩就是分店長的親骨肉，因為世上還有無數個B型男人。

如果小孩是A型，由於B型與O型夫婦不可能生出A型小孩，那麼就可以完全否決小三的主張。血型是一種否定式的學問，而非肯定式的學問。鑑定結果表示兩人有親子關係是合理的。

然而，原配提出了反駁。鑑定報告說那些骨片是形成骨盤的髂骨，但當時她丈夫的骨盤真的有遭到輾碎嗎？律師前往警局，去調查當時的記錄。

關於驗屍結果，負責相驗的法醫所寫的驗屍報告是最有力的證據。於是，律師陪同分店長太太前往監察醫務院，要求會見負責相驗的法醫。

報告中記載，頭蓋骨有粉碎性骨折，顏面已經變形到看不出原貌的程度，骨盤部分則是「呈擠壓斷裂狀態」。既然骼骨為粉碎性骨折，變成骨片並不矛盾，小三說她撿到骨片和肉片也就不奇怪了。

於是，律師不得不改提下一個反證：小三說她在事故現場撿拾骨片和肉片，這是真的嗎？於是律師向現場附近居民打聽當時的狀況。

案發後，雖然有人目擊到立刻來了十數名站務人員及警察，將散亂一地的骨頭和肉片撿進塑膠袋裡，但不確定當中是否有女性。而且，十多分鐘後，電車就陸續通過，行駛恢復正常了，而小三要在案發的十多分鐘內抵達現場，就地理位置來看根本不可能。

司機雖然立即聯絡分店長太太和公司，卻已是案發超過十分鐘的事了。即便小三是後來到現場撿拾的，但她真的有可能在東京都內專用軌道上順利撿到嗎？況且並無目擊者。

總之，這場正宮與小三的戰爭，打到目前似乎是四比六，正宮受到壓制。她決定將希望寄託於最後的殺手鐧——只要能證明丈夫罹患無精子症便贏定了。

於是，她跑去找當初為他們夫婦診察的醫院。醫師老當益壯，不過，他的回答是，病歷的保存期限為五年，過期的病歷皆已銷毀，沒有記錄可以證明這件事。

律師問老醫師是否記得這位太太。老醫師表示好像有點印象，但因為一直都在為這樣的夫婦看診，也就不敢打包票確實看過她。這下子，反證的線索又斷了。

豈止如此，醫師進一步做了醫學上的解釋——就算被診斷是無精子症，但只有極少數人完全無精子，通常多少還是有一些的。精子數量少而難以受孕的情況也會被稱做無精子症，因此出現生下小孩的案例並不足為奇。

最後一線希望在那瞬間消失了！在失望且焦躁中，原配與律師全都一籌莫展了。

雖說是司法訴訟，但要證明死亡半年以上的人的血型及無精子症，無疑是醫學上的問題。律師決定去請教某大學的法醫學教授，他們的法醫學教室做過很多親子鑑定。

教授要求太太從丈夫的遺物中找尋能夠判斷血型的東西，例如頭髮、指甲，或者是用過的衛生紙、手帕、煙蒂等也行。這些東西上面會附著汗水、唾液、痰、鼻水，所以可以從中驗出血型。但這些幾乎都是髒東西，根本不必找，老早就處理掉了。即便如此，太太依然從丈夫的旅行盥洗用具組中找到梳子，上面有三根頭髮。

至於小三那邊，她向法庭提出一疊分店長生前寄給她的現金掛號信封袋。利用公家機關寄錢這項事實，成為兩人親密關係的有力證據。況且，太太也在法庭上承認，現金袋上的文字的確是丈夫的筆跡。

原來，丈夫很早以前就出軌了！太太雖然大感愕然，但她無論如何都無法接受丈夫與小三有私生子的事。

教授聽完太太的說明後，咕噥著說：「有現金掛號信封袋，太好了。」

教授推測信封上的郵票可能有分店長的唾液。想當然爾，太太隨即向法庭請求針對郵票上的唾液進行血型鑑定。

審判長從那一疊信封袋中，隨機抽取十封，委託另一所醫大的法醫學教授進行血型鑑定——利用對方提供的有力證據來進行反擊，可謂高招。當然，分店長的盥洗用具組及三根頭髮也同時送交鑑定，結果將左右最後的判決。

親子關係的判定是相當有邏輯的，一旦血型與遺傳形式不符，就會遭到否定。法庭當然也得根據這項醫學判斷來進行裁決。

不過，在美國，卓別林的親子鑑定就不是這樣了。卓別林毫無疑問是一位偉大的天才藝術家，除了自編自導自演，還擔任製片與剪輯，連音樂都一手包辦，多部作品至今仍深深感動著世人。然而，在女性關係上，他似乎不太檢點。

一九四三年，一名之前與卓別林同居並一起拍片的女星告上法庭，要求法院確認卓別林與自己小孩的親子關係。經過驗血，卓別林為O、MN型，女星為A、N型，小孩為B、N型。從MN血型來看是符合親子關係，但從ABO血型來看，O型和A型不可能生出B型小孩，因此，就醫學判斷而言，卓別林並非該名小孩的父親。可是，法庭卻無視這項事實，認定卓別林為孩子的父親，裁決他每週必須給孩子母親七十五美元的養育費用，此外，還要支付辯護律師的費用五千美元。

與日本不同，美國採取陪審團制度。卓別林是當紅巨星，過著經濟優渥的生活，而被拋棄的女星又恢復貧窮苦日子了，想必美國民眾相當同情這名女星吧。女星與卓別林同居近一年期間，與之過著形同夫妻般的生活，一路扶持過來。相對地，卓別林對她始亂終棄後，又繼續拈花惹草，這樣的渣男激起市民憤慨，於是，即便並非親生骨肉，為了這對不幸的母子，陪審團宣告卓別林該當負起男子漢大丈夫的責任。

這項判決對日本人而言多半是無法理解的。姑且不論這點，出生於倫敦的卓別林對當時的文明大國美國總是批判不已，加上他的主義主張與美國格格不入，美國政府不喜歡他，他也討厭美國，最後便搬到歐洲去。據說他離開美國的動機之一，就是這項判決。

言歸正傳。就在法院委託教授進行親子鑑定的五個月之後，鑑定報告出爐了——

毛髮是A型。

信封上的郵票，十封中有七封呈現A型反應，其餘三封則無血型反應，推測是用漿糊或水黏上去的。鑑定結果判斷貼郵票者的血型為A型。

根據上述鑑定，分店長的血型為A型，絕不可能與O型的小三生出B型的小孩——也就是說，A型的丈夫與該名小孩的親子關係遭到完全否決。

小三提出的骨片與肉片為B型，因此肯定可能有親子關係，但正宮提出的毛髮與郵票為A型，否定有親子關係。

這種結果，不免令人覺得雙方均偏向取對己有利的解釋而缺乏可信度。儘管如此，雙方的鑑定人皆是法醫學權威，不至於誤判才對。審判長非得採用其中一項鑑定結果不可。

於是，法官重新檢討骨頭和肉片、毛髮和郵票這四項鑑定物件中，哪些是分店長的。首先，小三說骨頭和肉片是她本人跑到事故現場撿來的，但時間上、地理上均不可能，因此法官不認為那是分店長的，不能排除後來用他人之物來冒充的嫌疑。總之，骨頭和肉片的可信度很低。

那麼毛髮呢？雖說是分店長盥洗用具組中梳子上的頭髮，但可信度有多少呢？例如，會不會有人使用了那把梳子？或者，會不會是故意將一個A型人的頭髮放進梳子裡再交給法庭呢？一旦要質疑，就處處有質疑的空間。

郵票上殘留的唾液呢？這是分店長生前按月寄錢給小三所使用的現金掛號信封袋，因此是證明兩人關係的重要證物。而且，考量到兩人關係隱匿了十多年無人知曉，可以推知他是祕密在信封上寫下收件人姓名及地址，在郵票上舔一下再貼上去，然後悄悄到郵局寄出去的——即便他貴為分店長，這種事也不可能交給下屬去做才對。

這麼一想，這四項鑑定物件中，只有附著於郵票上的唾液最有可能是分店長所有。最後，審判長採用唾液的鑑定結果。

判決結果是，分店長的血型為A型，因此與小三的小孩之間無親子關係。

正宮逆轉勝了。

當天晚上，律師與他所請教的法醫學教授在銀座的酒吧喝酒，慶祝官司轉敗為勝，並對功不可沒的教授表達謝意。

原來，事情是這樣的。膝下無子的分店長能夠讓小三生下孩子，自然開心得不得了，對於小孩是自己親骨肉一事深信不疑，並且樂於養育而不斷送錢過去。

官司結束，真相大白的此刻，依然留下一個懸案：那名小男孩究竟是誰的孩子呢？

教授提出了這個問題。

不愧是律師，他早就在進行調查了。

十多年前，那名小三在與分店長交往之前，是跟一名小鮮肉在一起的。當中有一個月的時間，她腳踏兩條船，同時跟兩個男人有肉體關係。劈腿一個月後，她選擇與小鮮肉分手，投入分店長的懷抱，但那時她已經珠胎暗結了。

能夠遇上小三，並且喜獲麟兒，分店長欣喜若狂而對小孩疼愛有加，完全不知道曾經有小鮮肉的存在。小三也在分店長的歡喜與疼愛中逐漸忘卻了小鮮肉，一直將孩子當成是自己與分店長的愛之結晶。

多麼諷刺，直到官司打完，小三才知道孩子的父親不是分店長。帶著一個不被祝福的私生子，這樣的女人也真是可憐。

如今這個時代，有人工受精又有試管嬰兒等，生命的誕生與親子的關係變得很含糊，要求釐清真相的難度也更高了！那麼，**在人類社會如此複雜的生活型態中，決定親子關係究竟該以醫學判斷為優先，或者以一個人的生活方式、人情論為優先？**

無精子症的故事與卓別林的故事，是兩則極端的、日美兩國相異的判例。對比之餘，我總在思考，能不能有更具智慧的判決方法呢？

赤坂殉情事件

「赤坂發生一起殉情事件，希望您過來驗屍。」

接到這個電話，是在一個早春午後剛過兩點的時候。

通常來說，法醫都是搭相驗專用車前往相驗。同行的有司機、助理，三人一組，直接前往委託相驗的警察署。

每一組人，每天都要消化五到六起案件。共編制四或五組，上午九點半出發，下午四點左右才回來。先不討論遇上交通阻塞的狀況，相驗業務本來就是要解開死因不明之謎，必須與警方密切合作，從所有方向來研究是自殺、他殺、意外事故死亡或病死，找出唯一的真相，維護沉默死者的人權，因此總會有不得不超時工作的時候。

這一天也是，一名幼兒車禍致死、一名獨居老人死亡、一名青年上吊自殺、一起打架刺殺事件；忙完四件相驗工作，又再追加這起殉情事件。春天也是個自殺頻發的季節啊！

警官帶我們走進公寓型大廈裡的一個房間，裡面還彌漫著瓦斯味。

當時大家還是使用煤氣（6B，桶裝瓦斯），它與今日的天然氣不同，一旦吸入不完全燃燒的煤氣，就有可能一氧化碳中毒而死。或許是因為這種自殺方式不會伴隨痛苦又容易執行，因此成為繼安眠藥之後最常被使用的自殺手段。

雙人床上，僅看得見一名男子與一名女子的頭露在棉被之外。那條棉被印有紅色的花朵圖案，彷彿象徵著這起事件似的。一條長長的橡膠管子插在女子的嘴巴裡。掀開棉被之後，我們看見身穿粉紅色睡衣的女子側臥著，穿著浴衣式睡衣的男子仰躺著，雙雙斷了氣。整個現場瀰漫著殉情的淒艷氣氛。

鑑識人員將現場狀況逐一拍照存證。法醫的相驗可不管情調，也不會帶任何情緒，兩人只是冷靜觀察為何是這樣的結果，從醫學上來解釋死因，並推定死亡時間等等。

因為工作內容如此，初次見面的人或許覺得這樣的法醫真奇怪，於是常會問我：「您都在驗屍、解剖屍體，不會很噁心嗎？」

我總是立即回答：「不會。活人才比較可怕。」

活著的人有個痛癢就會唉唉叫，此外，最叫人擔心的是他們有死亡的風險，因此對我而言，比起為活人看診，還是處理屍體要輕鬆多了。

我從立志學醫的那一刻起，就不再覺得屍體可怕、噁心了。

我們脫掉床上兩人的衣物，仔仔細細觀察屍體的每一部分。手腳的關節處有輕度僵硬，背上有鮮紅屍斑。屍體還有點溫度，應該是死後五至六小時左右。

煤氣中毒的屍斑是鮮紅色，其他死因的屍斑為赤褐色，因此可以立即分辨出來——兩人無疑為一氧化碳中毒身亡。此時，在女子的枕頭下方發現二封遺書，一封寫給母親，另一封上面寫著一個男人的名字。

警方進一步調查後發現，遺書上那個名字的人，竟然就是與她一同睡在這裡、一同死亡的男子！真是太意外了，這到底是怎麼回事？

我們理解留下遺書自殺這種事，卻無法理解為何那個男人會死在自殺女子的床上。

過去也曾經發生過類似的案件。一名獨自住在出租公寓的女子開煤氣自殺。接獲報案的警察在完成事實確認與例行調查後，希望封鎖現場直到隔天法醫驗屍為止，因此請房東將房屋鎖上，不讓人出入。

翌日，法醫在警官的會同下前往公寓驗屍。先跟房東借了鑰匙，然後打開門。

「啊?!對不起！」

搞錯房間了。

他趕緊退回走廊，環顧四周一下。並沒有搞錯啊！他再次探看一下裡面，的確有兩個人蓋著一條棉被躺著。

怪了，昨天明明只有一名女子死在棉被裡頭。出聲叫人，沒有回應。刑警戰戰兢兢地走到兩人旁邊，仔細看他們的臉。這才發現那男子緊貼著女子，竟然也死了。

刑警立刻叫房東過來，質問到底怎麼回事。房東說他保管著鑰匙，而且無人來訪，一副自己也搞不懂的模樣。不一會兒，他們找到了遺書，這才解開了謎題。

小倆口相愛，卻遭到家人強烈反對，於是女子選擇獨自開煤氣自殺。不知情而來到公寓找女友的男子，最後也追隨女友之後用氰化鉀自盡了。原來，男子有一把公寓的鑰匙。

真是平添一場騷動啊。

然而，這起事件也有那樣的離奇性嗎？

事實是這樣的。

女子二十八歲，是一家酒吧的招待。四年前在店裡認識一名實業家後，成為他的地下情人。被富商包養，加上當招待的收入，她的日子過得挺闊綽。

男子三十一歲，是受雇於那家酒吧的經理。女子經常背著富商，與這名男子上床。不過，最近富商又另結新歡，女子成了被拋棄的舊鞋，不但精神上大受打擊，每月的包養金也飛了，收入銳減。

面對這種挫折的勇氣，顯然在這四年的墮落歲月中消磨殆盡了。無獨有偶，此時酒吧經理也被炒魷魚，兩人不期然地落此境地，同病相憐。某日，女子約男子到公寓來。

女子問男子未來做何打算，她要求男子跟自己結婚，兩人可以合資開酒吧等。不過，其實男方一直瞞著她，他早有妻室，不能與她結婚，他不過是來找她上床罷了。

女子不放棄地繼續做愛的告白，男方的附和卻不知不覺變成了熟睡的打呼聲。遺書的最後寫道：

我如此真心真意地告白，你竟然聽到呼呼大睡，我果然是一個孤孤單單的天涯淪落人啊！祝你幸福了，再見。

寫完遺書後，女子將煤氣管拉到床上，自殺了。至於待在同一房間、睡在同一張床上的男子，面臨死亡只不過是早晚的問題了……

像這樣，殉情事件其實並非真的殉情。女子是自殺沒錯，但男子是在睡著的狀態下被無端連累，不慎中毒身亡的。

或許有人認為，反正兩人都死了，是不是真的殉情哪有什麼差別？

其實不然。

幾天後知道，兩人均有保險。女子是在加保後不久自殺的，無法獲得理賠。但男子並無自殺意志，只是剛好睡在自殺者身邊而被連累致死，亦即不慎中毒身亡，所以被視為意外事故，又因為買的是附帶倍額保障的契約，他的家人因而得到了一筆高額理賠金。

有一陣子，頻頻發生有人在不知情的狀況下，喝下自動販賣機所販賣、被下了除草劑的飲料而致死的事件；其中，有人是自己加了除草劑服用，假裝成受害者的樣子，但其實是自殺。因為只要能被當成意外事故，就與自殺不同，不但能博得世人同情，還能拿到保險金等。如果是心想橫豎都是一死而故意這麼做，這也算是一種惡質的犯罪！

大家常說警方的搜查行動很煩人，但如果不能究明真相，搜查就沒意義了。警方追查真相，法醫解開醫學上的實情，雙方通力合作，才能共同維護社會秩序。

一個事件的背後，總有各種不為人知的隱情。

透過屍體相驗，這些隱情就能夠逐漸明朗，死者的生前種種也能一一浮上檯面。雖說這是工作，但有時也會讓人克制不住，有種不做到底不罷休的心情。

這一天的工作終於結束了。

拖著精疲力竭的身心，相驗專用車在喧囂的黃昏街頭駛向歸途。

腹上死

今天輪到我值班解剖。

燈光照亮屍體。穿著白色解剖衣的同仁與會同的警察等人全部圍著解剖檯，目光緊跟著我的手術刀而移動。

從胸口一刀劃向腹部，一一取出內臟，再仔細切開，一絲不苟地探索下去。

三具遺體同時解剖，室內漸漸充滿了屍體的腐臭與血色。大家分工合作，默默進行各自的職務，直到開始檢測臟器時，靜謐的解剖室才會瞬間轉為騷動、忙碌的氛圍。

我正在解剖的，是一名全身都是脂肪的肥胖老人。據說，他帶一名辣妹上摩鐵，於性交時猝死，但該名辣妹趁亂開溜，因此詳細狀況不明。

看似病死，但辣妹溜走總叫人起疑——三名警官會同解剖就是這個緣故。

隔壁檯剛剛是在解剖一名一週前因車禍住院，後來併發肺炎死去的中年男子。死因究竟是車禍，或是單純的病死？法醫對死因的認定將會左右被害者與加害者的權益及責任。

相機的閃光燈不時閃爍。這是為了記錄重要的解剖結果，也將成為日後為賠償問題打官司時的證據。

另一具屍體，則是一名在洗衣服時突然暴斃的主婦。

法醫的上班時間分為驗屍值班日與解剖值班日，交互輪流進行，幾乎全年無休。每天平均有近二十件的異常死亡案件，五部相驗專用車分別乘載法醫、助理、司機三人，在東京都內巡回相驗。若是碰上無法當場判定死因的案例，就會將遺體運回監察醫務院，由值班解剖的法醫進行行政解剖，以確認死因。平均每日解剖六至七具屍體。

病死、外傷致死、中毒死亡、意外事故死亡，或者自殺，解剖案例形形色色，有時還會在行政解剖過程中發現殺人事件。

這名肥胖老人的心臟營養血管——即冠狀動脈——有嚴重的硬化症狀，心臟也有肥大現象，大動脈的硬化也很糟。打開頭蓋骨，無外傷或足以致死的病變，頸部也無異常。

解剖過程中，有警察來電通知會同解剖的刑警後來他們調查的結果。

男子為六十九歲的土木建築業者，昨夜在一名年輕女子的陪伴下進入摩鐵。大約一小時後，女子打電話給櫃檯，她驚慌失措，語無倫次，櫃檯人員聽不懂她在說什麼，但隱約察覺到事情不妙。

於是，飯店人員連忙趕去他們房間，只見一名嬌小女子雙手掩面哭泣，看上去約二十歲左右；棉被上則仰躺著一名體格壯碩的男子，全身赤裸，正意識不清地打呼。飯店人員急忙跑去打一一九，再返回房間時，女子早已不見蹤影。救護車抵達之際，男子已經氣絕身亡。由於男女雙方皆身分不明，這是一起異常死亡事件。

警察也火速趕到現場，展開搜查。死者顏面有明顯的瘀血，眼瞼結膜下有出血點。像是窒息死亡，又像是因病暴斃。

由於光靠法醫相驗無法掌握明確的死因，因此必須進行行政解剖。我們取出胃內容物進行簡易的毒物檢查，呈現陰性反應，顯示無服毒可能。

「我看是性交時心肌梗塞吧？」我對在場的警官說。

「估計是妓女看男的苗頭不對，怕惹禍上身，於是溜之大吉。這樣太不負責任了吧！真是惡質，傷腦筋。」在場的警官說。

「法醫，但他老婆說他有糖尿病，這十年來夫妻都沒行房。糖尿病不能性交嗎？」

聽到我說是在性交中猝死的，刑警大感不解。

我停下解剖中的手，回答說：「因為糖尿病是電線桿啊！」

「咦？電線桿？什麼意思？」

「就是說，在家裡電線桿立不起來，但是到了外面，去到哪兒都是一柱擎天。」

一陣笑聲響起。在家裡站不起來，一到外面就站得直挺挺。這是糖尿病患者欺騙老婆的手段啦！

此時，女子的身分也查出來了，是一個十八歲的小女生，在一家咖啡館當服務生。

兩人是在今年春天認識的，經常上床做愛，男子會給小女生零用錢。他們年齡相差五十一歲，男子也的確是在性交中心臟病發作而猝死的。

這種死法絕不罕見。由於過去並無相關的匯整研究，我決定去查查醫務院的資料。

一年將近二十例，男性佔絕大多數，但也不乏女性案例。由於我要在《日本法醫學雜誌》發表論文，所以查閱了一下文獻，發現中國有一本相傳為全世界最早的法醫學書，名為《洗冤錄》，出版時間為一二四七年，相當於日本的鎌倉時代，歷史很悠久。其中有個單元叫〈作過死〉，裡面有段文字：

凡男子作過太多，精氣耗盡、脫死於婦人身上者，真偽不可不察。真則陽不衰，偽者則痿。

身為日本人，雖然不會讀，但多少知道這段話的意思——

「男人性行為過度的話，會將精氣用盡，那麼就有可能死在婦人身上。其中真偽並非無法判斷，果真如此的話（腹上死），陰莖會勃起；如果是假的，陰莖會萎縮。」

這種死法，就叫做「作過死」。

然而，根據我長年擔任法醫，從事驗屍、解剖的經驗來看，我無法完全贊同這樣的見解。年輕男子都有縱欲過度的傾向吧，但幾乎無人因此身亡。此外，書上說作過死的話會呈勃起狀態，可以據此辨別真偽，但這是錯誤的，死亡後，神經系統不會緊張，因此陰莖會萎縮才對。

即便如此，在相當於日本的鎌倉時代，中國為洗刷冤情而做了這類學術性的整理，出版這本《洗冤錄》，我們仍要為這份用心給予高度評價。

無論如何，我們可以從書上找到這種死法的語源，如「作過死」、「脫陽死」。朝鮮半島過去使用「腹上死」（死於婦人身上者）一詞，估計這個用法就是經由朝鮮半島登陸日本的。

十分有趣的是，在臺灣，臺語稱性交中的猝死為「馬上風」，性交後的猝死為「馬下風」，兩者統稱為「色風」。不愧為文字之國，如此優雅的表現令人佩服。

在日本並無這類區別，全都俗稱腹上死。因為字面意義的關係吧，日本人多半以為腹上死是指性交中死亡，但這是誤解，正確來說，性交後死亡也算是腹上死。腹上死的意義同臺灣的色風一樣。

好笑的是，日本人針對女性於性交時死亡，還亂取名為「腹下死」，不得不說太沒常識了。此外，腹上死只是說明當時的狀態，並不能夠代表死因。

以車禍造成頭蓋骨骨折或腦挫傷致死為例，腦挫傷是死因，車禍是表示當時的狀態，並非死因。

換句話說，腹上死的死因是心肌梗塞、腦出血等病名，因此，連厚生省[1]也無法對腹上死案進行統計，這種事只有調查死因的監察醫務院才辦得到。

言歸正傳，能夠性交的健康人士突然死亡，當然視同異常死亡來辦理，警方偵訊後，便會請法醫相驗屍體。

不過，這種事情很敏感，關係人往往礙於羞恥而不願吐實。因此，通常是警方調查時發現關係人雖目睹死亡，對重要關鍵卻不清不楚，因而起了疑心。

伊爾迪科王妃的故事亦是如此。五世紀中葉，匈奴大軍攻進歐洲，開啟了民族大遷徙的篇章。阿提拉王所率領的軍隊勢如破竹，眼看就要橫掃整個歐亞大陸了，他卻在戰役中與伊爾迪科結婚，當晚即暴斃身亡。沒多久，匈奴帝國也就瓦解了。

一個有力的說法是，阿提拉陣地之中暴斃是遭伊爾迪科殺害，不過，也有人主張這是史上第一件性交中暴斃的案例。揚名全歐洲的盛世英雄會在結婚初夜如此輕易地被王妃殺害嗎？

若是性交中暴斃，王妃能夠如實的對重臣說出真相嗎？恐怕只能含糊其辭吧！估計就是因為曖昧不清的說法引起疑惑、招來臆測，以致阿提拉王的死因至今成謎。

我們可以想像，一般家庭裡，在這種情況下獨活下來的妻子，肯定和伊爾迪科王妃一樣，很難在孩子、親戚面前說明真相，面對警察的訊問自然也會吞吞吐吐。從旁人的眼光看來，肯定會覺得她有所隱瞞而加以懷疑。

這種事若發生在摩鐵的話，就更會引起騷動了。退房時間已過，人卻還沒走，工作人員前去查看，發現男子已死。對了，女子還在半夜匆匆離開。警方獲報摩鐵鬧出命案而展開搜查，解剖後判斷是心肌梗塞病死，並非凶殺案。

這種事與人類生活如此密切，卻在歷史上長期遭到隱蔽，可能就是因為事情太過敏感的關係，然而，這也是沒有辦法的事。根據解剖結果的資料統計，發生這種狀況的病變主要是動脈硬化、腦動脈瘤（動脈瘤破裂，造成蜘蛛膜下腔出血）、心臟肥大、副腎皮質變薄、胸腺殘存等，沒有一件是性交而死。

---

1 日本政府部門，相當於臺灣的衛生署，現已改組為厚生勞動省。

會出現這種事故，最大的原因就是，許多人並未察覺自己有這些潛在疾病而過著跟健康人一樣的生活。從統計上來看，年齡相差懸殊的外遇關係最危險，男人的致死原因多為心臟疾病（心肌梗塞等），女人則以腦出血疾病（蜘蛛膜下腔出血等）最多。合法的夫妻關係較少出現這種情形，但長期出差後回家的當晚、迎娶年輕後妻等，就要特別注意了，尤其是飲酒後的性行為更需要謹慎。

然而，並非只有性交時才會發生這種危險。怕趕不上電車而追趕出去，在跳上電車的一剎那間猝死，或者運動時猝死、被附近的火災嚇死等，我們的日常生活中正藏著許多危機，而預防方法就是先了解自己是否有這些潛在疾病，及早加以治療，並改善生活習慣。

論文發表後，由於這種研究相當罕見，我收到世界各國醫師的來信，希望我將論文送給他們。就這層意義而言，這篇是我所有論文中僅次於溺死研究的暢銷作品。無論如何，衷心期望大家都能好好享受男歡女愛，共織美好人生。

四十分鐘後，解剖工作結束。我們將屍體縫合還原。不過，死因的判定要一個月後才會有結論。病理檢查技師必須將腦、心、肺、肝、腎等所有臟器做成組織標本，再交給執刀醫師，用顯微鏡觀察這些標本，仔細檢查病變。同時間，解剖時所採集到的血液、胃內容物、尿液等，也都會送到藥化學檢查室進行分析。之後，法醫再綜合這些檢驗報告做出最終的診斷。

先撇開其他細微的調查不談，我判斷老人是病死的。排除掉那名咖啡館女服務生的嫌疑後，會同相驗的警官便鬆了口氣地打道回府。我，則是繼續進行下一個解剖工作。

法醫的工作真的很單調，不會有把病人醫好，然後獲得感謝這種事，但這樣的工作確實能夠維護社會秩序；此外，將研究整理成論文發表，也能對預防醫學有所貢獻。

我就在這樣的成就感中，結束值班解剖的一天。

安樂死

世上總有一些充滿無奈、叫人於心不甘的事件。

有一對老夫婦，他們的兒子罹患先天性水腦症而智能遲緩，屬於重度身障；老夫婦擔心自己死後兒子前途未卜，想送他到收容機構，卻被以雙親經濟不錯、不符合條件為由而遭到拒絕。

做父母的，如何能夠留下這個如同小嬰兒般沒有父母保護便無以生活的孩子，而放心的死去？然而，收容機構卻以雙親經濟無虞為由，拒絕上門商量和求助的老夫婦，這樣做根本沒有解決父母的不安，甚至可說完全沒有同理父母擔心孩子的心情。有位記者說：「社會福利就是『安心』。」這話說得太好了，唯有讓當事人感到心安，才是真正的社會福利吧！

這名父親因操碎了心而失眠、神經衰弱，於是趁妻子不在時將智能遲緩的兒子勒斃，自己再吞安眠藥企圖自盡，但被回到家的妻子及時發現而挽回一條命。

這起案件最終判決為無罪。理由是凶手認為只要自己和兒子都死了，妻子就能夠輕鬆地度過老後人生，他就這樣一直鑽牛角尖，結果才在衝動之下殺死了親生兒子，自己也準備自殺求解脫。這是在失去是非善惡判斷能力下所做的行為，犯行當時算是處於心神喪失狀態，因此被判定欠缺負起刑事責任的能力。

此外，名古屋高等法院有一起關於安樂死的判決，情形也同此案一樣。五十二歲的父親生病受苦，醫師對家人說只剩一週的餘命而已。兒子不忍父親痛苦難當，於是在牛奶中加入農藥讓父親喝下致死。

一審以殺害直系血親尊親罪名判處三年六個月，但二審判決為受囑託殺人，判處一年徒刑，緩刑三年。

當時，檢方主張這起案件是殺害直系血親尊親，但辯護方以安樂死的立場據理力爭。名古屋最高法院採取直接解決這個問題的態度，提出他們對安樂死的看法，而這些看法也可說是安樂死的法律原則。

一、從現代醫學的知識及技術來看，病人罹患的是不治之症，而且死期就在眼前。

二、痛苦嚴重到誰都目不忍睹的程度。

三、以緩和病人的痛苦為目的。

四、在病人意識清楚、可表明意志的情況下，獲得病人本人真心的囑託或承諾。

五、由醫師執行，若無法由醫師執行，則需有能讓人接受的充分理由。

六、致死的方法合乎倫理。

——符合這六項條件的話，就能認定是安樂死。

不過，這起案件欠缺條件五和六。亦即，並非由醫師執行，且致死方法是使用農藥這種殺蟲劑，而這種方法並不被認為是一般緩和痛苦的方法，因此本案不算是安樂死，判定為受囑託殺人。

比起旁觀一個人承受著許多痛苦而慢慢死去，換成痛苦較少且可以速死的方法不是更人道嗎？但無論如何，必須符合這六項條件才能否定其違法性而認定為安樂死。

只是，日本尚無承認安樂死的案例。我在當上醫師後沒多久，當外科醫師的姊姊便去世了。姊姊在去世前的二、三天，把我叫到病床前，對我說：「你當上醫生了，應該能了解這種痛苦吧？何況你專攻的是法醫學，希望你能推動安樂死。」

這番突如其來的話嚇了我一大跳。雖然主治醫師說姊姊的餘命只剩下幾天，但身為至親，我相信姊姊不會死，絕對不可能死去，因此無論主治醫師說什麼，我總在心中反抗，無法接受這個事實。同時，我認為姊姊那些話全都是詭辯，純粹是為了逃離一時的痛苦才這麼說的。我相信她一定會好起來，因此不斷為她加油打氣。

然而，幾天後，姊姊便前往西方極樂世界了。**我深深感覺到，當身為病患的至親時，**

即便自己就是醫師，也會讓期望領先理智而無法冷靜診斷、看清事實。我與姊姊的對話，當然沒對父母提過，直到三十年後的今天，我依然沒向任何人吐露。

自己年邁，孩子又是個重度身障者，這種死也無法解脫的不安，經常導致「強迫對方跟自己一起死」這種最悲慘的結局。我所經驗的一個案例就是這種情形。

有一個幼時罹患腦炎而智能遲緩的女子，雖然年過四十了，但智能還是很低，要是沒有母親隨侍在側，根本活不下來。於是，養家的重擔全壓在女子的弟弟身上。弟弟已屆適婚年齡，但不會有人願意嫁到一個有智障姊姊的家裡，話雖如此，弟弟也不能就此拋棄母親和姊姊而離家出走。因此，雖然嘴上沒說，其實弟弟和母親都十分痛苦。

那時，母親胃腸狀況很不好，完全沒有食欲。她沒有去看醫生，就自己認定是得了癌症，剩沒多少日子可活。要是留下智能遲緩的女兒，身為母親的哪裡死得安心？考量到兒子的幸福，母親很快做出了結論——這位母親趁女兒睡著時，用腰帶將她勒死。

就在她準備自盡追隨女兒共赴黃泉之際，被剛好回家的兒子及時阻止了。母親被兒子帶往警局自首。

過了一年左右，有一天，我去為一名上吊自殺的老婆婆驗屍。

警察調查後得知，這位老婆婆之前殺死智能遲緩的女兒，但獲得緩刑，目前正在保釋中。我大感震驚，因為兩件事連起來了。

賣掉以前的老房子，弟弟搬到無人知曉的郊外去，他結了婚，夫妻倆和老母親住在一起。但是，母親因為受到良心苛責而變得有些精神衰弱，也曾經瞞著兒子夫婦自殺未遂過幾次。那位老母親死後安詳的容顏，至今仍烙印在我的腦海中。

這些事件，表面上獲得無罪、緩刑等溫情的判決，卻未能真正解決問題。

一想到這是被愁苦逼到窮途末路，莫可奈何下所採取的行動，便深深覺得身為福利大國的日本，無論如何都該為這些家庭想出更妥善的解決方式才行啊！

死者最善辯

這天，日比谷公會堂正舉辦三黨主席演講。自民黨總裁池田首相已經講完，社會黨的淺沼委員長正以嘶啞的聲音慷慨激昂的進行演說，民社黨的西尾委員長也在臺上備戰。我是中途才開始收看的，當時正在法醫室等待下一件相驗案，於是邊等邊看轉播。

突然，一名男子從觀眾席爬上講臺，向委員長猛衝了過去。他手上拿著一把像是短刀類的東西，往委員長的身體刺入。不到一小時後，我接到了警方的緊急相驗案，不消說，對象就是淺沼委員長。

突然參與歷史上大事件的緊張與激動，以及能夠相驗親眼目擊的事件——雖說是透過電視上看到的，是我前所未有的初體驗。意料不到的事情竟然於現實中發生，這是個多麼驚人的影像時代啊！我依然清楚記得，當初自己是邊壓抑著高亢的心情邊趕往現場的。

電視不斷播放事件的經過。由於並未與凶手格鬥，沒有防禦傷，一如電視畫面所示，委員長幾乎是在沒有抵抗的狀態下被刺殺的，這對我們的相驗工作極有助益。

本案也與過去的案件大不相同，凶手當場被捕，可以說，全日本有很多人都親眼目睹了犯罪過程，這是非常罕見的。

這次的案件算是例外中的例外。基本上，大部分案件都是沒有目擊者的，搜查工作也因此難上加難。

澀谷街頭，一名身上掛著廣告看板的「三明治人」往後方倒下。由於是在鬧區的傍晚時分，目擊者眾多，一家鞋店的店員也看到了。這名男子被大家戲稱為「三明治酒控」，是當地有名的酒鬼。

救護車立馬就趕到現場了。太誇張了，明明可以放他躺在那裡，等人酒醒就好，但他卻被抬上擔架，送往醫院。檢查結果僅左側頭部有個小小的撞傷，沒兩下便處理好了。

不過，這名自稱畢業自大學經濟系的男子，卻發酒瘋般地大吵大鬧起來，醫院拿他沒輒，立刻請警察將他帶走。又因為他爛醉如泥，不可能就這麼放著不管，只得先送往醉漢收容所。天亮後，保護所裡的醉漢們全都清醒了，紛紛對自己的行為致歉，然後就被釋放回家，唯獨這個三明治酒控還在鼾聲大作。

收容所的人員一看，男子竟尿褲子了，樣子也頗怪，趕忙叫救護車送回昨晚收容他的那家醫院。那時候，他已處在昏睡狀態，右眼窩有淡青綠色的皮下出血，X光檢查出左側頭部有龜裂骨折1。院方預定動開顱手術，但到了下午，病情突然遽變，就這麼死掉了。

我在醫院辦公室聽院長及會同警官說明事件的原委後，思考被視為死因的頭部外傷是在街頭倒下造成的，還是在醉漢收容所才出現的，同時開始相驗。

屍斑與屍體僵硬皆屬於中度，眼窩結膜下無出血點，舌頭在上下齒列的後方。

比較特別的是左側頭部頭皮上有一個雞蛋大的腫脹，撥開頭髮仔細一看，是輕度的撞傷，塗著紅藥水。右眼窩腫成淡青綠色，有皮下出血的現象。此外，口唇黏膜也有跌倒或碰撞所造成的小小挫傷。

警方不敢大意，立刻派遣檢屍員到案發現場，進行詳細的搜查與檢驗。針對外傷，檢屍員認為是爛醉倒下所造成的，並且除了那名鞋店店員之外，又另外找到二名目擊者，佐證了這項推論。

頭部外傷本來就有可能是酒醉跌倒造成的，但顏面外傷的部位可就怪了。眼窩是顏面最凹陷的部位，倒在路面的話，通常是額部、頰部、鼻尖等突出部位會有擦傷，眼窩應該不會有外傷才對。此外，如果爛醉者跌倒了，手腳或膝蓋等處應會有撞傷或擦傷，但「三明治人」這些部位卻無外傷，實在令人費解。

1 指骨頭小部分龜裂，可能是裂痕或裂縫，又名線狀骨折。

我想看看死者穿的衣服，但是他在醉漢收容被換過衣服了，原本的衣物並不在醫院。依據刑警的說法，當時他的衣服上面並沒有沾到泥土，也不怎麼髒。

尤其死者右眼窩的皮下出血伴隨著擦傷，這不像是在路上跌倒造成的，反倒像是一種比較柔軟的物體作用出來的。如果說是用拳頭做出正面直擊，就與相驗結果相符了。

我與會同警官站在遺體面前繼續討論。由於找不到積極的殺人線索，於是決定在警官的會同下進行行政解剖。

手術刀劃入頭部，掀開頭蓋骨，發現左側頭部有龜裂骨折，並且有硬腦膜下水腫(2)二百公克，死因無疑為硬腦膜下水腫壓迫到大腦。右眼窩的皮下出血兼有小小的骨折，應是拳頭之類的柔軟物體強力作用出來的。因此，我判斷是男子朝左後方倒下，左側頭部骨折，再慢慢出血形成硬腦膜下水腫致死。

這種情況，起初只會有頭部撞傷和疼痛而已，看起來不嚴重，但是，一旦頭蓋骨有龜裂骨折，二至三小時後血腫就會累積到五十公克，大腦因為受到壓迫而導致傷患步履蹣跚如同酒醉般，如果本人又喝酒而渾身酒臭，步履蹣跚就會混淆為酒醉症狀而難以區別。人在這時候還能做出一般的行為——例如回家睡大覺等，而且多半已經離開現場很遠了，但只要經過半天左右，血腫量就會增加到一百五十至二百公克，人也會因此而死亡。

到那時，由於經過了一夜，也該酒醒睡醒了，於是前去叫人，才發現該人已經死在棉被裡。這種情況往往死因不明，有時看起來會像是生病暴斃。即便頭部有外傷，但警方的搜查行動得追溯之前於何時發生了何事，因此十分困難。

「三明治人」的腦部血腫為凝血，推測是一天之前形成的，因此不是在醉漢收容所受的傷。他生前在醫院大吵大鬧，應該不只是因為爛醉的關係，腦部外傷也有影響。最後，依據解剖結果，警方仔細調查了死者一天前的行蹤，逮捕到一名左撇子的廣告三明治人。原來，就在目擊者說的死者自己跌倒的數小時之前，死者發酒瘋找同事麻煩，於是被同事打倒在地而受傷。

酒醉與頭部外傷的症狀混在一起，又因為男子渾身酒臭，旁人只會認為他不過是爛醉如泥罷了。就這樣，男子踉踉蹌蹌地拿著塑膠看板來到街角，然後一如目擊者看到的那樣跌倒了。真正的致命傷其實是數小時前的那場打架；打架現場只有加害者與被害者兩人，加害者不說，被害者已死，而且沒有目擊者。不過，在這起事件之中，屍體的相驗結果就如同一名目擊者那樣，向我們說明了真相。

諸如此類，有時我們會在行政解剖時發現殺人事件。

---

2 發生於二〇%至四〇%的嚴重頭部外傷者，是最常見的頭部外傷腫塊。

至於法醫的工作，就是研究遺體等留下來的資料，然後查明死者生前狀態到死亡的這段過程。

有一起案例，報紙以「主婦遭亂刀刺死」、「強盜殺人？」等斗大標題報導。我按捺住激動的心情前往相驗，發現從頸部到胸部、腹部，被水果刀之類的刃物刺傷二十多處，導致出血過量死亡，死狀十分淒慘。

再仔細一看，頸部和胸部的五、六處刺傷都有出血的生活反應，但是其他刺傷則無出血，傷口看得見黃色的皮下脂肪，顯然是無生活反應的死後刺傷。

此外，並未發現與兇手格鬥的防禦傷，因此推測是遭到突擊，頸部及胸口遇刺成為致命傷，然後在無抵抗的狀態下倒地後，胸腹部再遭到連續的刺傷。

不會是強盜殺人——不會有這麼弱的強盜。電視上也都是這麼演的，劍客一刀即令對手倒下，甚至不必確認對方死亡與否，劍已歸鞘，英姿颯爽地消失於畫面中——但弱小的人就不可能做到這樣了，即便順利打倒對方，也會擔心對方爬起來反擊，因此便奮力地一刺再刺，以致對方死狀淒慘。

由於無目擊者，我不清楚來龍去脈，但就這具遭到連續刺殺的屍體來看，我直覺兇手不是滿腔憤怨的人，而是一個比被殺害的主婦更弱小的人。推測是：無論在體力上、年齡上，或是社會地位上，都是屬於相對弱勢的人。

隔天的報紙下了這麼一個結論：「丈夫的小情婦被捕。」而且針對女性的殘忍與怨恨做出評論。然而，我不認為如此。凶手並非因為殘忍成性而連續刺殺，這一點，屍體已經說得很明白了。

死人雖然無法開口，但也算是目擊者。只要細心觀察屍體，就會發現死者在說話，讓真相大白，有時連凶手的樣子都能浮現眼前。

這種情況，就和考古學者從一只土器考證出一個時代一樣。

因此我說，死者最善辯。

列車事故

昭和三十七年[1]五月三日晚間九時三十七分，常磐線三河島車站附近，一列下行的貨物列車脫軌，傾倒於右側的下行客車專用軌道中。緊接著，與之並行駛來、從上野發車前往松戶的下行列車撞上這部車的車頭，傾倒於上行列車的軌道內。

如果只是這起事故，乘客只會受點小傷，不至於有大礙。

然而，約一千三百名乘客中，有一大半知道發生車禍後便下車，沿著上行列車的軌道走去避難。數分鐘後，從茨城縣取手市發車前往上野的上行列車，上面載著七百名乘客，以極快的速度駛來。走在軌道上的人不是被該列車撞飛，就是被直接輾過。接著，這輛上行列車撞上了傾倒於現場的下行列車。

因為這場車禍，有人當場死亡，有人被壓在翻覆的車廂下……真的是一場瞬間奪走一百六十條人命的大悲劇！現場化為人間煉獄，救護車、警車陸續呼嘯而至，傷者被送往周邊醫院。現場自不在話下，整個晚上，延伸出去的周邊廣大範圍全都鳴笛聲響徹雲霄。

屍體被送到醫院或寺院，又因為損傷嚴重，幾乎無法判別身分，只能先放上號碼牌暫時安置。

翌日一早，除了負責日常業務的人員之外，法醫全體同仁在監察醫務院集合，組成一個列車事故相驗特別班。

陸陸續續有死者的家人趕來認屍。被列車輾過的無主斷手斷腳約二十來個，全安置在附近的寺院裡。警消人員忙成一團，警官還得會同法醫到醫院、寺院進行相驗工作。被列車撞飛而頭部有外傷的、被列車輾過的、被壓在翻覆列車下面的……真的慘不忍睹。鳴笛的車子仍然在街上來回奔跑，周邊住戶自昨晚起就無法睡覺。

遺體缺手缺腳的話，遺族就會在警官的陪同下，前往安置局部遺體的寺院。負責的警官會幫忙尋找與遺體相符的手或腳，然後由遺族帶回。

一個多月後，混亂局面大致平靜的某天，我收到一名遺族寫來的長信。他的獨生子在這場車禍中不幸罹難了。

這個年輕人自東北的某高中畢業後，隻身前往東京，二年後學得一技之長，正要返回故鄉，打算與父親一起打拼事業時，遇上了這場車禍，右大腿被輾斷，大量出血致死。不過，被輾斷的右下肢一直沒能找到，就這樣完成了後事。

---

1 西元一九六二年。

信上說，車禍以來，父母兩人一直做著關於兒子的噩夢。這場車禍事故的死者全都度過冥河了，卻只有他們兒子一人過不了，依然在河畔爬來爬去，不斷喊著爸爸、媽媽，向他們求救。他們聽得見聲音，也看得見那影像。

這也難怪。兒子僅存的左下肢於幼時罹患輕度小兒麻痺，不良於行，但健全的右下肢卻從根部遭到輾斷。這封信的結語是：「請您務必幫忙，找到我兒的右腳。」這樣的事真叫人心如刀割。

不過，下個瞬間，我憑醫師的直覺認為事情不太對，出現幻視、幻聽已經不能說是正常狀態了。失去獨生子的父母，其衝擊之大無以計量，我認為他們因此而罹患了心因性精神病，必須趕快治療才行[2]。當然，最好的辦法就是如他們所願，找到兒子的右下肢。

可是，常磐線是一條主要幹線，事故後沒幾天就完全復原，恢復行駛了，不可能再到現場挖掘搜尋了。於是，我轉而查詢相驗時製作的報告書，上面寫著「右大腿根部呈擠壓斷裂狀態，欠缺右下肢」。我推測，該右下肢應是捲入列車中，變成骨片、肉片而不成原形，以致找不回來。

不可能再去找了，我不得不死了這條心。最後，我聽從精神科醫師的意見，寫了封回信以消除這對父母的不安。

我們的通信就只這麼一次而已。**是他們放下了嗎？我寧願這麼相信。**但是，也有可能是他們的情況已經惡化到無法寫信了。每次一想起這件事，我的心就悲痛一次。

我自己也有過這種經驗。我有個姊姊既是人家的媳婦，也是人妻、兩個孩子的媽，而且是一名女醫師，無奈英年早逝。家母原本無病無痛，身體極為硬朗，但姊姊過世後，她一下子老得好快，終究沒能長壽。我深深認為，**所謂的健康，不僅是吃營養的食物、培養體力、不要生病而已，精神上若是不能處於快活的狀態，也稱不上健康。**

2 這對父母可能是罹患了創傷後壓力症候群，指人在經歷情感、戰爭、事故等創傷事件後產生的精神疾病。

死者還活著

曾有一家雜誌社在採訪我時問我認為「死」是什麼，對方大概是想從我這個長年與屍體打交道的法醫身上挖些特別的感想吧？然而，突然這樣被正經八百地一問，我一時也不知道該如何回答。

想了一下，我在相驗或解剖時，其實並未把屍體當成死者。不是我出言不遜，這就跟臨床醫師面對患者時一樣，**對我而言，屍體是還活著的人。**因為只要用心觀察，沉默的屍體就會主動訴說死亡的狀況。病死的話還好，有時會碰到屍體說出不得了的事，例如說自己被人勒死、說自己被車撞死且肇事者跑掉了等等。

一名家庭主婦仰臥在棉被下死去。瓦斯橡膠軟管被從廚房拉過來，橫穿其頸部下方。

雖說瓦斯是開著的，但窗戶是半開的，因此「丙烷氣彌漫整個屋子，較重的氣體下沉到地面，空氣被往上推，導致婦人缺乏氧氣而窒息」的推論並不成立。更何況丙烷與煤氣不同，不易引起中毒。

此外，婦人的臉上有很深的瘀血，還有無數個點狀出血，頸部也隱約可見不鮮明的索溝（用繩索之類的物品勒緊脖子後留下的痕跡）。姑且不論是自殺或他殺，死因應該是頸部壓迫而導致窒息。

目前只知道死者的丈夫有外遇，夫妻關係降到冰點，昨天晚上丈夫住在外面等。從這種狀況來看，有可能是死者用橡膠軟管勒緊自己的脖子自殺（自縊而死），而且為了確保死得成，還事先打開瓦斯。

不過，如果是自縊死的話，應該是用橡膠軟管纏住脖子打個結，再將兩端拉緊。可即便如此，待失去意識之後，雙手便會自然地放掉軟管——只要打的結鬆開，就能夠吸到空氣了。只有在放手後打的結沒鬆開，脖子繼續被勒住的狀況下，自縊死才會成立。

然而，本案的瓦斯軟管並無打結。根據這點，法醫否定自殺的可能性，主張是被勒死的。後來在大學的法醫學教室[1]進行司法解剖，結果果然是頸部壓迫導致窒息而死。

---

[1] 在日本，監察醫務院的法醫是地方政府所任命，執行的主要是行政解剖；如果判斷他殺的可能性很高，就會送司法解剖，一般是在大學的法醫學教室執行。

不過，由於不知道實際情況是使用了何種手段、方法，於是警方同時朝自殺、他殺兩個方面展開搜查。

首先遭到懷疑的是死者的丈夫，但經過調查，他有不在場證明：當晚他與小三就投宿在離家不遠的摩鐵裡。另外，也有警力追查與死者經常往來的店員在內的交友關係，總而言之，警方已經從各種角度展開搜查了，但都得不到可連結犯行的資訊。

案發已經四天了。有報紙甚至寫說，比起他殺，自殺的可能性較大。

法醫無法直接介入搜查，但是對於自己相驗的案子，都會有自己的見解。不可能出現沒有打結的自縊死——既然法醫堅決認定這是被勒死的，警方也很重視這項意見而展開搜查行動。事已至此，便更不能退縮了。

此外，法醫也無法指揮警察，要是自己的見解有誤，那將會造成莫大的困擾。因此，隨著日子一天天過去，法醫的內心會感到一抹的不安與責任重大，心情愈來愈沉重。

幸好到了第五天，案情一舉水落石出了。死者丈夫與小三下榻的那家摩鐵的工作人員向前來查問的警察表示：「其實那天深夜，女子有溜出去，大約兩小時後又跑回來。她給我小費，叫我不要說出去。」

小三也坦承犯行了。原來，是原配把小三叫出去的。小三當晚溜出摩鐵，準備好啤酒和安眠藥去原配家，對這場不倫戀大表歉意，並保證會離開她老公，兩人便互相乾了杯。或許是徹底安心了，原配突然湧上疲勞感，小三就把安眠藥說成是提神劑，讓原配喝下。

不一會兒，原配酣然大睡，小三就用橡膠軟管勒死她，再偽裝成開瓦斯自殺的模樣，事後再悄悄返回摩鐵。據說男子睡著了，對此事完全不知情。

兇手完全沒想到會有勒斃的痕跡，以為只要打開瓦斯就可偽造成瓦斯自殺，實在是幼稚。這點把戲或許騙得了外行人，可騙不了專家！

最近，不少犯人吸收了電視、雜誌上所報導的豐富知識，以神不知、鬼不覺的手法來犯罪。壞事都是這樣的吧，尤其生命保險金殺人事件，或許是考量到在治安良好的日本不易犯行，還特地跑到國外，選擇無目擊者的地方，偽裝成意外事故，實則謀財害命。

洛杉磯疑惑事件2、馬尼拉日僑連續殺人事件3等就是代表性案例。用鐵槌毆打的話，明確是謀殺，於是故意設計成跌倒後撞到頭部的過失事故，可是即便如此，專家還是很容易判別是跌倒外傷或毆打外傷。

---

2 一九八一年，日本男子三浦和義及妻子前往美國旅遊，其妻子在洛杉磯二度遭到攻擊，於第二次攻擊時不治身亡。三浦原本備受外界同情，之後卻爆出有位女性宣稱自己受三浦指使而殺害其妻。此案纏訟至二〇〇八年，才因美國警方掌握到新證據而將三浦逮捕歸案。

3 一九九四年至一九九六年間，松本昭弘、松本和弘、下浦榮一為保險金而陸續在馬尼拉犯下三起殺人事件。

活著的人沒那麼輕易就死去。死亡必有醫學上、社會上相當的原因、理由。況且是殺人事件，不論做得再天衣無縫，從生到死的這段過程必定潛藏著不合理與矛盾，我們也就能從中發現事件的不單純而解開謎題。

每天早上報紙一送來，我一定先看社會版。社會版會刊載各種事件，我也就能掌握當天所發生事件的概要了。某天早上，我看到了一則新聞標題——

背後的電車門打開

從都電4跌落致死

一名準備上夜班的年老工人，搭都電到距離兩、三站的超市去買宵夜。然後，他雙手抱著滿滿的食物，搭上了客滿的電車。

到下一站時，老先生背後的電車門打開了。裡面有人大喊著要下車，撥開人群，朝出口硬擠，老先生就這樣抱著一堆東西向後跌倒——或許是撞到要害了，不治身亡。

我去上班時接到了這起案件的相驗委託，便速速趕了過去。在警官的帶領下，我走進醫院太平間。我掀開蓋在死者臉上的白布準備相驗，便發現他臉上有一個手掌大小的擦傷，這與我從報紙上讀到的狀況不一樣。我請會同的警官再次確認，回報的結果是，死者確實是從都電向後倒在供乘客上下車的安全島上，而且有數名目擊者，供述一致。

遺體右後腦勺有撞傷及造成掉髮的頭皮剝落，這倒還好，但顏面有擦傷就不對勁了。驗屍時，偶爾也會碰到事件描述狀況與相驗結果不符的案例。

我繼續聚精會神仔細檢查，此時，應該已經死亡的老伯彷彿在對我說：「報紙上寫的不對喔！」

我在內心回答說：「我知道。請再給我們兩、三天時間，我會和警方合作把凶手抓起來的。」

老伯說：「那就拜託你了。」

事情應該是這樣的。我仔細觀察老伯臉上的擦傷，有著呈鋸齒狀的輪胎痕跡。為了釐清疑問，有必要進行行政解剖。從解剖結果來看，死者從都電跌下來時，頭部應該落在超出安全島一點的地方——跌倒的外傷並非致命傷。

下個瞬間，一輛汽車通過，汽車的輪胎邊緣擦過老伯的臉，他的右後腦勺被猛烈地壓在水泥路面或安全島的邊緣，頭皮連著頭髮一起剝落，正是此時的壓迫造成老伯頭蓋骨骨折、腦挫傷而當場死亡。

目擊者說的並沒有錯，老伯確實從都電跌了下去，但是之後下一瞬間發生的事，卻沒有任何一個人發現。

---

4 東京都電車，為日本東京都境內的路面電車。

根據解剖，死因並非跌倒外傷，而是輪胎造成的壓迫外傷。結果，這個意外變成一起車禍肇逃事件了。

警察展開搜查，三天後便逮捕到犯人了。原來是犯人駕駛著小貨車，為了進入車站的停車場，在車子大幅左轉時，右後輪的邊緣擦撞到了跌倒的老伯的臉。

人家問我死是什麼，我總是解釋不清，總覺得那是自己出生前的狀態，一種虛無的世界吧。從有機物變成無機物，死亡除了nothing，還是nothing。

不過——

我所處理的死者，都是活著的。

死後也要看專業醫師

位於郊外的一間透天厝裡，住著老太太和她媳婦兩人。媳婦年近五十，個性好強。有一天，老太太在喝了養樂多後突然倒下，意識不清。醫師到家裡看診，做了處置，但兩小時後，老太太便身亡了——因為腦出血。

老太太個性和藹可親，一些小攤販總會借用婆媳倆住家的簷廊稍坐一下吃個午餐。老太太過世後，只剩媳婦一人，不過，這個習慣依然持續了下來。

喪禮過後沒多久，一天，一個小攤販來她家，坐在簷廊吃午餐。這位媳婦端出鯛魚味噌湯請他喝。沒想到的是，小販喝了湯後不久便感覺到痛苦，隨之陷入了昏迷，雖然有緊急送醫，卻來不及了；診斷結果也是腦出血。十天後，另一個攤販也來吃中飯，吃了媳婦請的醬菜，結果又暴斃了。短短一個月，老太太和兩名攤販陸續猝死。

警察起了疑心並展開了調查，而媳婦很快就自白了。她招供自己在食物中摻了巴拉松（有機磷殺蟲劑），待對方中毒身亡後，先奪取錢財，再通報醫師。

如果類似事件的發生頻率不那麼密集，而且是在不同地方零星發生的話，搞不好會有更多的受害者。人死後，瞳孔放大是正常的，瞳孔放大是死亡的徵兆之一；然而，有一個情況例外，如果是有機磷劑中毒身亡的話，特徵反而是瞳孔縮得非常小——醫師診斷死因為腦出血，應該就是忽略了這點。

面對初診的病患，而且又是在短短的診療時間內猝死的話，即便是如華陀再世般的名醫，要判斷出死因都相當困難，因此醫師沒必要勉強做出診斷。

比較正確的做法是，將之當成死因不明的屍體或異狀屍體，通報警方處理（醫師法第二十一條）。

由於東京二十三區皆已實施監察醫制度，這類案例都會當成異狀屍體，由法醫進行相驗，如果相驗後仍無法判明死因，就會進行行政解剖，因此能迅速發現是否為凶殺案。這種監察醫制度目前僅在東京、橫濱、名古屋、大阪、神戶等五大都市實施[1]，要是不能早日變成全國性的制度，怎能說是法律之前人人平等呢？

尤其現在日本都已經「一縣一醫大」了，只要能編列預算，可疑的死亡案例就算不走司法解剖這個程序，也能在日常行政流程中獲得專家的相驗、解剖。

這樣一來，就能夠查明異常死亡者的死因了。**這種制度乍見或許令人覺得無情，但其實它是站在死者這邊的**，不但可以維護死者的人權，還能維護社會秩序，我認為是一種非常了不起的制度。

報紙登了這麼一則新聞——

京都市內有一名愛喝酒的男人抱著酒瓶死在路上。他被診斷為酒精性肝病變導致急性心臟衰竭而死，也就是病死的，沒有解剖就驗屍完畢了。三年後的某一天，警方逮捕了一名違反興奮劑取締法的女子，不料竟從她口中得知，那個抱著酒瓶死在路上的屍體，是一起詐領保險金的偽裝殺人案。

該名女子與這起案件毫不相干，當時她和事件的加害者、被害者住在同一棟公寓，因此知道事情的真相。

根據她的說法，加害者們是先讓被害者喝酒，然後邀他開車出去兜風，並在車內用毛巾按住他的口鼻使之窒息而死，再偽裝成他是死在路上的。加害者們讓被害者三個月前投保，殺害他後，沒多久便拿到一千萬日圓的保險金。

屍體相驗就是檢查屍體以找出死亡原因，具有一定的參考價值。然而，這起案件卻跳過檢查屍體，直接從現場狀況來判斷死因，不得不說是個嚴重的失誤。

---

1 東京有東京都監察醫務院，大阪為大阪府監察醫事務所，神戶有兵庫縣監察醫務室，名古屋則交託名古屋大學、名古屋市立大學、愛知醫科大學和藤田保健大學施行，橫濱則委託一些特定診所施行。

一日，東京灣大井碼頭附近的岸邊，發現一具中年女子的屍體。雖然屍體已經有點腐敗了，但看得出臉上有類似撞傷的痕跡，遺體的兩頰腫脹，口唇內側也有小小的挫傷。除此之外，手臂和膝蓋也有一塊塊的皮下出血等，與其說是自殺或事故死亡，被拳打腳踢後推落海中的可能性反而比較高。

由於死者的身分不明，所以無法得知更多的事情。然而，反正這有可能是一起殺人命案，便決定送到醫務院進行司法解剖[2]。

死因確實是溺死，但分析血液的化學成分後，竟顯示是在淡水中溺死的。若是在海水中溺死，海水中的鹽分會被血液吸收，鈉、氯等會明顯增加，而本案剛好相反，血液被水稀釋，血中的鹽分減少了。換句話說，應該是在河流中溺斃後，再被沖東京灣的。

此時，女子的身分也查出來了。據說是夫妻吵架到最後，女子被丈夫拳打腳踢一頓，撂下一句「我死給你看」，便在半夜離家出走了。兩天後，屍體在東京灣被發現，死者家後面不遠便是荒川河口，她應該是從這裡跳進水裡，然後漂流約十公里到達大井碼頭的。看起來像是殺人事件，但其實是跳水自殺。

發現屍體後，不被現場狀況牽著鼻子走，而能持續追查下去，本案才終於真相大白。任何案件都一樣，必須仔細地檢查屍體，解明醫學上的事實，再以此為本，並與現場狀況等進行綜合考量，才能究明真相。因此，碰上這類事件，希望都能先由精通屍體的法醫或法醫學者來驗屍。

若驗屍仍不能解開死因，就會進行解剖，這樣的監察醫制度，或是相類似的制度必須確立起來，才能夠消除社會的不安。法醫學在做的，就是徹底揭開真相，社會應該要善加利用才對。

我們感冒了會去內科，受傷了會去外科，這是保護身體的當然選擇。然而，當異狀屍體出現時，卻只要是醫師就可以驗屍（有監察醫制度的地區另當別論），根本不管是哪一科。「因為不是活著的人，已經沒有治療的必要了，於是只要是醫師就好，管他是誰」這種想法其實是錯誤的！驗屍若不是交由經常為屍體看診、善於與死者對話的法醫或法醫學者來負責，就無法維護再也無法開口的死者的人權。**死掉後仍要找專業醫師看診**，道理就在這裡了。

---

2 司法解剖本來不是監察醫的業務，不過，在東京都監察醫務院有破例進行司法解剖的案例。

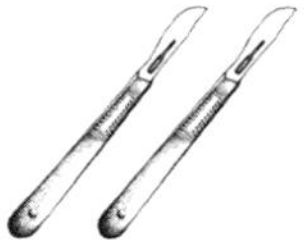

小小的呼籲

由法醫執行的行政解剖中，經常會碰到與職災事故有關的案例。發生職災事故時，勞工雖然可依勞動基準法獲得補償，但如果是因為過勞等而引發腦出血、心肌梗塞等生病暴斃，由於業務內容與發病並無明確的因果關係，並無法獲得理賠。

此外，有時也會有這種情形：比方說在工作時跌倒，撞到頭部，當時並不嚴重，但工作結束回家後，才於睡眠中突然發作猝死；解剖後，死因被診斷為伴隨心臟肥大的急性心臟病死亡，或是腦動脈瘤破裂造成的蜘蛛膜下腔出血等，亦即病死。

不過，家屬則主張即便死因為病死，也是起因於日前一場職災事故的外力作用。對於失去一家經濟支柱的遺族而言，會有這種想法無可厚非。

如果是勤務中的意外事故死亡，會被視為殉職而適用職災保險，家人也能獲得一千日的日薪補償金。至於是否為職災，並非由負責相驗或解剖的法醫認定，也不是由負責調查的警察認定，而是業主先行判斷，再取得勞動基準監督署的同意，才得出最終判決。

由於這種案例需要高度的醫學判斷，所以勞動基準監督署會來尋求解剖醫師的意見。碰到因為過勞或日前的外力作用而導致病發症狀的案例，我們會毫不遲疑地提出意見書，表明因果關係十分充足。過去，我們提出相當多這樣的意見書，可是幾乎都沒被採納。

一名身體健康、沒有宿疾、年約五十五歲的資深郵差，一如往常地騎著輕型摩托車出發去送信。不同的是，那一天，郵局為了進行油漆工程，在出入口搭起施工用的橫木，方便工人踩上去施工。該橫木與馬路對面民家的牆壁幾乎等高，導致郵差一時不查，沒注意到橫木，竟騎著摩托車撞了上去，撞到前額後摔車倒地。

幸好郵差戴著安全帽，沒受什麼傷。他繼續送信，直到傍晚才回到家中。到家後，他說自己身體有點不舒服，連平時愛好的晚酌也只喝了一小杯，便早早上床睡覺了。

半夜一點剛過，郵差突然「嗚」地呻吟一聲，呼吸變得急促。妻子發覺丈夫不對勁，趕緊呼叫救護車，但卻為時已晚。

一個健康的人於睡眠中突然死亡的案例，會被當成異狀屍體，必須接受法醫相驗。相驗後，我只發現他的手上有一些擦傷，臉和額頭並無損傷，頭部也無任何變化。看起來像是內因性猝死（疾病引起的猝死），但前一天的頭部外傷也不可忽略。

病死？職災？必須做出困難的判斷。行政解剖後，我診斷出直接死因為擴張性心臟肥大，其餘的主要結果是：雖然腦部有嚴重的瘀血、腫脹，但並無損傷，右後腹膜下有輕度出血，應該是跌倒時撞到右後腹部的關係。除此之外，並無特別的變化。

外傷雖非致命傷，但考量到在受傷後約十三小時這麼短的時間內猝死，儘管頭部外傷並未造成多少大腦形態學上的變化，卻無法否認已經產生功能上的變化，而對心臟功能帶來不良影響。形態學上的變化可以透過解剖加以確認，但功能上的變化從解剖結果看不出來，因此無法斷定。身為解剖醫師，我在意見書上寫道——

「死者有擴張性心臟肥大的宿疾，雖不致妨礙日常生活，但本人認為前一天的頭部撞傷，已經讓身體狀況有所改變，進而引發心臟病猝死。因此，根據解剖所判斷的直接死因為擴張性心臟肥大，也就是病死，但本人認為這是外傷所誘發的死亡。」

這個案子後來如何判決，由於之後並未聯絡，我也無從得知。

一名值夜員正在公司值夜班時，附近發生了火災。值夜員從小睡的床鋪中起身，跑到兩、三百公尺外的地方去看火災的狀況。消防車、警車、救護車，再加上人山人海的圍觀者，現場周邊一片混亂。

過了一會兒，他擔心起無人看守的公司，於是急急忙忙趕了回去。途中，在他跑過大馬路之際，被一部奔馳而來的計程車撞死了。

法醫相驗後，判定死因是交通事故造成頭部外傷，死亡種類為意外死亡。不過，必須在屍體檢驗證明書（死亡診斷書）上做出「從業中」或「非從業中」的區別。公司方面的說法是，值夜的勤務內容是確保公司安全；該員工因愛湊熱鬧而跑出去看火災，在回程時碰上交通事故，屬於離開勤務範圍，因此判斷為「非從業中」——可說是從嚴認定。

數日後，死者的妻子來到監察醫務院，表示她的丈夫雖然在勤務中離開了公司，但絕非跑去湊熱鬧，所以對公司做出「非從業中」的判斷相當不服氣。

太太的話很有道理，但即使我有同感，也不能憑一己之見就更改文件內容。因此，我請她去找勞動基準監督署商量。

幾個月後，向公司據理力爭的家人打了電話來道謝。據說，勞動基準監督署判定，值夜的勤務內容是確保公司安全沒錯，但附近若發生火災，有必要前往觀察火災的狀況、風向等，以判斷是否有延燒至公司的危險，因此跑去看火災不算離開勤務範圍。

不過，也有與此相反的案例。我曾經相驗一起職災事故，一名工人在木材工場將木材從卡車上卸下來時，被落下的木材打到頭部而死。由於外表找不到應為死因的外傷，便送到監察醫務院進行行政解剖，結果發現有頸骨折斷的頸椎骨折、頸髓損傷。

被木材打到頭而造成頸骨折斷的例子十分罕見。通常來說，撞到頭部後造成頭蓋骨骨折而跌倒，並不會造成頸椎骨折——也就是說，狀況與相驗結果之間產生矛盾。

警方於是再次展開調查，最後發現這名工人是午休時從公司的樓梯上踩空跌倒而扭斷脖子的。公司同情孤寡的妻子，約好口徑一致，改成職災事故。這份善意我們明白，但不當取得職災保險金是不折不扣的違法行為。**法醫必須究明事實，協助維護公正的社會秩序。然而，遇上這種案例，工作結束後不會有滿足感，而只留下沉重的疲倦感。**

我還處理過類似的交通事故。一名五十歲、年富力強的木匠於睡夢中突然呻吟一聲氣絕身亡，解剖結果指出，死因為向心性心臟肥大。不過，木匠死前一個月，因為站在開動的車子旁邊，一隻腳被輾過造成蹠骨龜裂骨折，只差沒住院了。他腳上裝上夾板，不能行走，被迫待在家中。他的妻女對負責解剖的我抱怨，認為死因應該是交通外傷。

外傷並非直接死因，但木匠因為承包的工程進度延遲，擔心無法如期完成而終日焦躁不安。此外，這起事故也因為對方是熟人而未報警，因此沒有獲得賠償。如今人都死了，被留下來的家人因而陷入絕境。總之，得先向警察報案證明有這項事實，再向汽車保險公司申請理賠。我寫了封意見書，表示死因雖為病死，但車禍外傷不可能與死亡無關，盡我所能地協助家屬。

解剖可以得知心臟肥大這種形態學上的變化，但是否有肉體上、精神上的壓力屬於功能上的問題，即便解剖也不會知道，因此我們並無法明確掌握車禍外傷究竟對心臟肥大起了何種影響。有影響才正確或沒影響才正確？醫學上並無確切見解，爭議可說一半一半。

既然如此，我便在意見書上寫明，由於每個人身上都背負著過去的病史，車禍外傷與隨之而來的各種壓力，會對本人的宿疾向心性心臟肥大造成不良影響，進而誘發心臟病發作，這樣的想法應該比兩者毫無關係的判斷更為正確。

保險公司在法庭上反駁我的看法，認為猝死已經是車禍一個月後的事，外傷也正在痊癒當中，不太可能還承受著車禍的壓力。

「外傷的確正在痊癒中，但骨折造成行動極度受限，生活被迫從動態驟變為靜態。加上工期延宕令人焦急，外傷得不到賠償，就算是短暫的，收入減少是事實，因此與外傷的逐日痊癒剛好相反，本人所承受的精神壓力是與日俱增的。」我在法庭上表述了這段話。

事故後第四年，官司結束了，我們的主張未被採納。不過，最近判斷的基準放鬆了，因為業務上的肉體性負擔等誘發大腦、心臟病發作而病死的案例，也會朝職災方向去認定。我們這些小小的呼籲終於有了成果，身邊似乎傳來弱勢族群獲救的歡喜聲。

最後時光

曾有一位武將說，看到飛行中的一群野鳥突然四散開來，就要知道敵軍正埋伏藏在草叢中，早一步對付便能打一場勝仗。法醫學也一樣，必須觀察自然界現象並且學以致用。

比方說，在山裡面，覺得事有蹊蹺而走近蒼蠅群，有時便會發現那裡有人的屍體。還有，蛆的大小、蟲蛹的狀態，或是聚在那裡的螞蟻、昆蟲、野鼠，以及發生在遺體上的黴菌類等，對自然界百態的觀察，往往能成為解開屍體之謎的鎖鑰——獨居老人的死亡，就有很多是蒼蠅異常聚集或者出現惡臭而被發現的。

不過，有一回我被帶往一處廉價公寓進行相驗，那裡發生的殉情事件就不是這樣了。

當時是十月上旬。

一走入現場，惡臭便撲鼻而來。腐敗到這種地步，幾乎可以斷定室內必然蒼蠅瘋狂地滿天飛，屍體也會長滿無數蠕動的蛆才對。不過，這起案例既無蒼蠅也無蛆。豈止如此，仔細一看，竟有幾隻死掉的蒼蠅，恐怕是飛過來舔了死者的口水或嘴邊而死翹翹的。

我推測死者喝了殺蟲劑或氰酸之類的劇毒。經過簡單的檢驗，兩人的嘴邊及喝過的杯子上都有氰酸反應。遺書上，也寫著喝下氰化鉀殉情自殺的文字。此外，兩人的身體用一條帶子綁在一起，打結處在女子的腰間。

這是為了要在天堂締結良緣嗎？

檢驗的過程中，只有一件事令人在意，那就是男子的腐敗程度比女子更為嚴重。除此之外，並沒有其他矛盾之處，正當我打算以氰化鉀殉情事件作結時，被會同的警官喊了暫停。

女子於數年前結婚，沒有小孩。丈夫貪杯又好色，經常喝茫後就繼續一家喝過一家，後來跟一名陪酒小姐搭上，從此沒再回到妻子身邊。一天晚上，丈夫突然喝醉回家，妻子開始碎唸，要他與外面的女人切了，回家來住。兩人立刻爭吵了起來，丈夫嫌妻子囉嗦，從廚房拿出一把厚刃菜刀，借酒裝瘋。妻子害怕自己會被爛醉如泥的丈夫砍死，於是搶下他手中的菜刀，然後往他胸前刺去。

殺夫後，女子被趕到現場的警官逮捕——擔任警部補的該名警官，就是此刻死在這裡的男人……

殺人犯與警官的殉情事件!?這種組合離奇到我以為自己聽錯了。

這名警部補負責這起殺夫案件，調查這名女子。被逮捕的女子哪那麼容易逃跑，但只要有辦法對警官灌迷湯，說些喜歡你、好愛你之類的甜言蜜語，還是有可能離開警局的。

在那名警官值班的一個夜晚，兩人忽然從偵訊室消失了。警官協助女子逃出來後，女子倒嫌他拖後腿了。她在咖啡裡摻了氰化鉀給他喝，將他毒殺致死。

甩開這個絆腳石後，女子開始逃亡而輾轉住過許多廉價旅社，但終究沒能逃掉，身上的錢也花光了，於是兩、三天後她回到殺人現場，偽裝成殉情自殺。以上是會同警官的推測，他們認為就是這個緣故，女子的腐敗程度才會比男子輕微。

這種推理太猛了！雖然不確定猜對了沒，但考量到兩人的腐敗程度差別，我也不敢說他們的推理錯誤。

女子深愛著丈夫，從未與人結怨，自始至終認認真真地過日子。只能說，遇見丈夫那樣的男人並與之結婚，最終讓她的人生完全變了調。負責偵訊的警官對這名不幸女子寄予同情，隨著案子調查一段時間後，竟愛上她了。

他是警官，卻也是個男人，不巧的是，偏偏他和妻子之間也遇到了瓶頸，兩人正在談離婚。該說是鬼迷心竅嗎？演變成近乎私奔的事態，其實也不令人意外。

警察當局對這起醜聞相當不悅，但又不能公開，只能暗地裡追查兩人的行蹤。失蹤後第十天，才發現兩人早已面目全非地死在這裡。

一對中年男女，身體用帶子捆綁死在一起——不論誰看了，都會認為這是殉情，但經驗老道的資深刑警卻注意到男子屍體的腐敗程度比女子嚴重，因而判斷或許不是殉情。光從這點，就能感覺出他的功力不凡。

當然，我也不是隨隨便便進行相驗的。既然我判斷為殉情，自然是有相當的根據。在充滿惡臭的四張榻榻米大的房間裡，我站在遺體面前，與會同警官們繼續討論。

我提出一年前夏天我處理過的一起殺人事件。一名高中生經常跟自己老爸要零用錢玩樂，有一天，老爸把兒子教訓了一頓，不給他零用錢。沒想到，兒子丟下一句：「你不給我沒關係，我去跟阿公、阿嬤要！」隨後就搭電車前往住在距離兩、三站的祖父母家。

父親立刻打電話給自己的爹，要求他不能給錢。沒多久孫子果然來了，死乞白賴地討零用錢，祖父母要孫子坐下，然後開始說起教來。

不只被訓了一頓，錢也沒要到。氣炸了的孫子拿起屋裡的手巾將祖父母雙雙勒斃，隨後把祖父塞進壁櫥上層、祖母塞進下層，然後搜刮金錢逃之夭夭。

三天後，兩人的屍體被發現時，祖父的腐敗狀況就跟這名警官差不多，大約是死後三天左右；祖母的情況則與這名女子差不多，沒什麼腐敗，推測是死後一天左右。

然而，根據被父親帶來自首的高中生所說，他是在五分鐘內勒斃祖父母的，因此死後的經過時間並無不同。在完全封閉的壁櫥內，暖空氣會往上跑，而這一點點的溫度差別，就會對死後變化造成莫大影響。

說完這個案例後，我重新檢視現場——這個房間有一片西曬的窗戶，男子會被陽光直射，而女子靠近窗邊，太陽反而曬不到。還有，棉被大多蓋在男子身上。

造成腐敗程度差別的原因就在這裡吧！

即便在同一個房間、同一床棉被中死亡，只要條件稍微不同，便能產生莫大的腐敗程度之差。我向警官表示，我認為他們是殉情並不矛盾。

警官表示同意地說：「您是專業法醫，既然您都這麼說了，我們也不能再說什麼。」這起命案就以氰化鉀殉情終結。

不過，**是我的研判正確，還是警察的推理正確呢？我並不知道**。只是從死者他們倆的立場來看，或許在攜手逃出警局時，就已經有結束生命的準備了吧！

光舉死後屍體變化這件事，就看得出來了，法醫學至今仍有一些不夠科學化的領域，尚有很多事情必須仰賴豐富的經驗來下判斷。

遺產繼承人

死亡時間的意義有多大？日常生活中，若非遇到特別狀況，一般人是不會去關心這個問題的。

這是一則久遠的案例了。一名住院患者清早死亡，照顧他的同居人希望主治醫師能將死亡時間改到傍晚。由於患者已經住院好長一段時間，主治醫師與這名女子也很熟了，或許是認為早上死或傍晚死沒什麼差別吧，也沒問明理由便接受了她的要求，將死亡時間改到當天的傍晚。結果這名女子趁白天趕緊跑去申請結婚登記，結果就演變成「合法成為妻子後，丈夫才死亡」。這是昭和三十年代後半的事，這位妻子就這樣繼承了位於東京鬧區的咖啡館及酒吧等遺產，據說價值高達六億日圓。

過沒多久，男子的一些親戚們知道了這事，氣得直跳腳，一查，竟發現女子是在男子死亡當天中午才辦理結婚登記。他們知道男子其實是在清早死亡的，便到戶籍機關抗議，認為死後還受理結婚登記實在太荒謬了。

承辦人員確認過死亡證明書後，回答說：「死亡時間是傍晚，所以這項結婚登記是合法受理的，她是合法的妻子沒錯。」

完全不能接受這個結果的親戚們殺到醫院去，主治醫師承認是受該女子之託而更動了死亡時間。結果，醫師被以偽造文書罪嫌、女子被以行使偽造文書罪、於公正證書上登載不實罪嫌送交警局。

醫師是出於善意而答應女子的請託，想必是認為這樣做會獲得對方的感謝、以免遭到埋怨。他顯然太沒有犯罪意識了！他的好意招來惡果，被指摘為製造遺產繼承的爭端，犯下法律不容的違法行為。這起事件最後雖沒鬧到不可收拾，但由於罕見，被媒體大肆報導，導致醫師的社會評價下滑。

還有一則案例更是嚴重。在地下鐵的興建地段，半夜地基突然下沉，造成埋在民家下面的瓦斯管龜裂，不完全燃燒的瓦斯（當時使用煤氣6B）彌漫屋內，釀成氣爆火災。數間房屋因而燒毀殆盡。好不容易控制住火勢，卻從滿目的瘡痍中找到一家五口——父母和三名小孩的屍體。

相驗結果是這樣的：父親與三名小孩的燒傷不嚴重，推定為吸入不完全燃燒的煤氣而一氧化碳中毒身亡；母親全身焦黑，診斷為燒死。也就是說，當父子們吸入充滿屋內的煤氣而死的時候，母親還活著，她是在發生氣爆後才被燒死的。

因此，法醫開立屍體檢驗證明書（死亡診斷書）時，將母親的死亡時間寫得比其他家人晚十分鐘。

事情過了一個月左右，某一天，父親那邊的遺族成群跑來監察醫務院找負責相驗的法醫理論。明明是在相同情況下罹難，為何只有母親一人是延遲十分鐘後死亡？他們說，他們因為這個緣故蒙受了重大損失，要法醫拿出醫學上的證據來。

這家人沒有犯錯，安安穩穩地過日子，卻因為一件粗糙的工程害得一家五口性命連同房子等財產全部化為灰燼。

過失責任者必須對這些人給付龐大的損害賠償金。理應得到賠償的父子們因為先死，而當時只有母親一人活著，因此權利由母親繼承。十分鐘後，母親也死了，於是該賠償金的大半便由法律上母方的遺族繼承。換句話說，結婚不到十年，財產的大半全跑到母親那邊去了。

吞不下這口氣的，是父親那邊的親兄弟。即使能夠提出醫學上的根據，也無法明確判斷、解釋這十分鐘的差別。法醫實在沒輒，想將母親的死亡時間訂正成與父子們同樣的時間，只不過，之前開立的屍體檢驗證明書已經送到戶籍機關，也依據燒死這個事實辦理除戶了。

重要文件無法隨便訂正，必須在家事法庭召開簡易法庭，由法官認可死亡時間的訂正理由才行。結果，經過法律程序後，母親的死亡時間被訂正成與其他家人同樣的時間。

然而，這次換成母親那邊強烈反彈了，紛紛大罵：「只要硬著幹，死亡時間就可以更動嗎？醫學是這麼隨隨便便的嗎？」最後，這項紛爭又鬧上法庭了。

三年後，在審判長的和解勸告下，這場僵持不下的官司，才以同時死亡落幕。

在當時，日本正處於經濟高度成長期，有轎車的家庭暴增。忙於工作的父親連放假也沒時間休息，多半得開車載全家出去玩。去時還好，回程就累了，因此常因駕駛到打瞌睡而發生重大車禍。當場死亡、於救護車中死亡、在醫院死亡等，死亡時間有所不同，由於最後死亡那邊的人有繼承遺產的權利，因此，親族之間為死亡時間判定而爭吵不休的情形層出不窮。

據說，還曾經發生過這種事：家屬要求讓已經死去的家人戴上人工呼吸器，繼續輸送氧氣，表現出還在呼吸、還活著的樣子，然後觀察周遭，確認那個死了、這個也死了，自己的親人是活到最後的那一個之後，再請醫師停止送氧……

這種行徑真是讓人無言！

因此，審判長以這起事件做為契機而做出裁示，凡是在相同狀況下發生死亡事故，假使遇上家族間為遺產繼承問題起爭執時，不論死亡時間差距多少，一律採取同時死亡來處理。從此以後，日本這類官司就突然減少許多了。

如今，倍受注目的腦死問題也一樣，常常因為哪個時間點視為死亡而爭論不休。死亡時間這項醫學判斷，絕不容許因為利益及其他種種緣由而被動手腳。

薄薄一張診斷書，其重量是超乎我們所想像的！

心不正則劍邪

日本一名被稱為新領導者的大咖國會議員上吊自殺了。不過，由於自殺傳出去不太好聽，於是將之處理成病死。這起事件可說鬧得沸沸揚揚！我們當然明白關係人的心情，但他們也太無知了，竟然不知道這是一種嚴重的犯罪行為。

包括醫師在內，很多人都以為死亡診斷書只是單純記載死亡原因的文件而已，但事實並非如此。關係人拜託醫師開立假的診斷書，這已經構成教唆偽造文書罪；寫診斷書的醫師犯了偽造文書罪，而向市公所戶籍單位提出此診斷書的祕書則是行使偽造文書罪。

為什麼呢？因為**死亡診斷書不僅僅是記錄醫師判斷死亡原因的文件而已**。根據這張診斷書，死者的戶籍會被註銷，一切法定權利均會喪失，遺體也被容許火葬或埋葬。還有，死亡種類分為自殺、他殺、意外死亡等（依警方的調查結果來判定），種類不同，生命保險及賠償等的支付金額也會不同。此外，死亡時間也與遺產繼承息息相關。因此，診斷書具有非常大的法律功能及社會功能。

搞不好連這個案子的醫師本身都不了解診斷書如此重要。無論如何，只有醫師與牙醫師才能開立死亡診斷書1，虛偽的記載是絕對不容許的。社會大眾都很信賴醫師，才將這項業務交給他們負責，因此絕不能出現背叛社會大眾的行為——若是做出這種事情，整個醫界就會信譽掃地。

某家精神醫院的住院患者突然行蹤不明。兩天後，一名認識他的人在醫院後山發現他的屍體。或許是想逃避管理責任吧，院方並未將這起異常死亡案件通報警方，而是開立因尿毒症病死的死亡證明書。

接到通知的家屬趕到醫院，得知原委後大表不滿，一狀告到警局去。院長在接受偵訊時辯解，患者罹患尿毒症，經判斷是尿毒症導致他在山裡心臟衰竭而死，因此他們不認為是異常死亡，才沒有報警。

然而，住院患者溜出醫院而行蹤不明，這件事本身就夠奇怪了吧，而且他還在兩天後被人發現死在山中，醫師卻毫無疑惑地當成病死，這樣不會太草率嗎？

---

1 臺灣牙醫基本上不宜開死亡診斷書（除非死因相關），但中、西醫師都可以開。

即便患者真的是病死，也應該請警方查明從醫院到山裡然後死亡的這段過程中發生了什麼事吧？若不能努力消除各種疑慮，不就等於無視來不及說明便死去的患者的人權？家屬當然無法接受了。

如果這是為了隱瞞醫師的過失才編織這些藉口的話，那就更加天理不容了。

還有一個案例是這樣的。一名正從事選舉活動的助選人員與路過的醉漢發生口角，進而暴力相向，以致對方死亡。助選員背後的市議會議員候選人是地方上的有力人士，他擔心事情要是遭到媒體披露，自己肯定會落選，於是拜託認識的醫師開立註明是腦出血、病死的假死亡診斷書，然後祕密火葬。

之後，這名候選人當選了。之後有一日，那名被害死者的家屬向警方報了案，事件於是曝光了。只是當時遺體已經火葬，所以沒有明確的證據，幸虧警方進行縝密的搜查，才終於查明這是一起凶殺案。

除了殺人罪嫌，還有煙滅證據、教唆偽造文書、偽造文書、行使偽造文書、密葬異常死亡者等罪嫌，相關人等皆遭到逮捕。

正是醫師接受犯人們的委託而開立不實的診斷書，事件才得以隱蔽——**無論醫師是否出於無奈而做假，但結果都是變成這起命案的幫凶。**

此外，還有一起傷寒事件。昭和三十九年秋天到四十一年[2]春天，某位醫師的所到之處，便集體感染傷寒，並且有數人死亡。

事件的起因是這樣的。

某大學醫院有一名年輕的內科醫師，被教授要求寫一篇以傷寒為題的博士論文。當時是戰後二十年，生活環境已經大幅改善，醫療方面也發現了抗生素等藥物，因此感染症驟減，幾乎沒有傷寒病例了。

數年後，做其他主題的同事們都開始寫論文了。這名醫師應是反觀自己連資料都沒收集到，研究呈現停滯狀態，因此感到心急如焚、進退兩難吧！有人懷疑他將研究室所培養的傷寒桿菌摻在蜂蜜蛋糕、香蕉、橘子、乳酸飲料中，再拿給大家吃，造成集體感染，藉此來收集資料。

無庸置疑，他遭到起訴。不過，這個集體感染是被告造成的人為汙染，或是自然流行起來的，在醫學判決上相當困難，因此一審無罪、二審有罪，直到最高法院承認二審的判斷，這起纏訟十六年的案子才終於定讞，該醫師遭判處六年徒刑，吊銷醫師執照。

暫且不談這個審判結果，我們更應該思考的是——

為人治病的醫師為什麼會犯下這樣的罪行呢？

---

2 西元一九六四年至一九六六年。

醫學是一門方法學。感染肺炎雙球菌的話，會咳嗽、發燒、呼吸困難。診察到這類患者，就該診斷為肺炎。教科書教我們，肺炎有感染的危險，但抗生素可以有效治療。

不過，為何醫師非要到有感染危險的患者身邊去治療他們？**教科書對醫師救人這個目的隻字未提，但醫學書可以不提，習醫的學生可不能這樣就算了。**

身為人，身為醫師，必須明確掌握目的，才能學好醫學這門方法學。

據說，某間料理學校的畢業典禮上，學校除了頒發畢業證書外，還會贈送一把厚刃菜刀當做紀念品。厚刃菜刀是為家人烹煮美味料理時的工具，然而，一旦用法不對了，它也能夠變成殺人凶器。

我小時候讀過一本小說，書名忘了，但我記得其中一句話——

「心不正則劍邪。」

真是一針見血！

核能也不例外。人類的智慧著實了不起，能夠透過做學問而開發出核能。只不過，最初使用核能竟然是以炸彈的形式，用在使人類滅亡的方向上。這樣對嗎？科學家是為此而投入研究的嗎？不，應該不是。

做學問是為了貢獻人類、讓人類的生活更加豐富才對。如何運用核能這種巨大的能量，方法要多少有多少，而從事科學的人若不能基於解決人類問題的堅定信念而建立宏大的目的、秉持正確的理念，就有可能嚴重地誤入歧途。

最近，特別是與人類生命觀有關的問題正陸續地具體化起來。以腦死與器官移植問題為首，體外受精、基因重組等科學的發展極為驚人。不過，千萬不能理論先行，淪為一種冷血的學問——前面列舉的案例，就都是醫師濫權為惡的冷血行徑。

這樣的行徑就跟警察偷竊一樣，不但背叛了社會大眾的信賴，也導致這項職業的信譽掃地。

「心不正則劍邪。」

我很喜歡這句話。

頭髮

慘遭滑鐵盧後，拿破崙被流放到聖赫倫那島，一八二一年死去，死因在當時據說是胃癌。不過，二十多年前，有人從拿破崙的頭髮中驗出高濃度的砒霜，因此傳出毒殺一說。人們推測，是法國的蒙托隆伯爵害怕拿破崙東山再起而下的毒手。

砒霜在過去被稱為毒藥之王，它是一種無臭、無味、少量即可發揮毒性、不易被他人察覺的藥物，自然會被有心人重用。急性中毒會引發猛烈的嘔吐、下痢，然後因為脫水症狀而造成痙攣，數小時內便會死亡；症狀與霍亂十分相似。此外，它也能被黏膜、皮膚吸收，一旦變成慢性中毒，就會罹患多發性神經炎而疼痛、下肢麻痺、皮膚發疹等。

昭和三十年[1]，喝配方奶的嬰兒陸續罹患一種怪病——主要出現在西日本地區。症狀是明顯衰弱、貧血、發燒、發疹，或是皮膚有褐色色素沉澱，甚至因此死亡等。經調查發現，製造商竟在生產奶粉的過程中摻入砒霜，這就是著名的森永毒奶粉事件。

砒霜除了會殘留於肝臟，也會殘存於骨頭和頭髮中。時至今日，砒霜的使用已受到相當嚴格的限制，但在十九世紀當時，砒霜被廣泛應用於藥品、化妝品、塗料當中。尤其是塗在壁紙上的砒霜，因為會氣化，所以導致不少中毒的案例，也有人因此死亡。拿破崙的房間裡貼著的玫瑰花紋壁紙，就使用了砒霜。

最近，有人重新檢驗拿破崙的頭髮，發現砒霜的含量極少，銻的含量相當多。十九世紀時，銻被當成一種藥品而廣泛使用，毛髮中檢出銻並不奇怪。因此，就算拿破崙被砒霜侵蝕，也只是輕症，不至於死亡，於是毒殺說遭到了否定。

二十多年前的分析技術還不能明確區別出砒霜和銻，因此將高濃度的銻判斷成砒霜而出現了毒殺說。結果，拿破崙的死因又回到了原點──胃癌。

僅憑一根頭髮，居然就能引起人們對一百七十年前歷史人物的爭論，科學之偉大自然不在話下，或許也因為拿破崙是蓋世英雄，才能引發世人無窮無盡的興趣。

說到究竟能夠從一根毛髮得知些什麼，首先得要區分是人類的毛髮還是獸毛。若是人毛，毛髮來自哪個部位、主人的性別、年齡的推定、毛髮的損傷（是否燙髮等）、理髮後第幾天、是拔掉的毛或自然脫落的毛、脫毛的原因、血型、毛髮的微量含有物質等，可以從中得知的訊息相當多，甚至有可能做到個體識別。

因此，若有人企圖在食物中放自己的毛髮來恐嚇餐廳說不衛生，小心是會被拆穿的。

---

1 西元一九五五年。

一名女高中生於上學途中下落不明。隔天，警方接到家屬提出的搜索申請，但尋找多日始終杳無音訊，直到十六天後才在附近的山林中被找到——人已經被勒斃了。

這起事件，因遺體的襪子上有近百根剪得很短的頭髮而破案。經過分析，這些頭髮可分為數種（來自不同的人），因此警方懷疑兇嫌是理容業者。

凶手是位在女生家斜對面的中年理容店老闆。他和女高中生熟識，那天他把她帶回自家企圖進行猥褻，但女生奮力的反抗掙扎，兇手一怒之下將她勒斃並棄屍山林。

這名男子是個車迷，甚至還開著愛車參與女高中生的搜索行動。不過，由於提不出犯行當天的不在場證明，加上棄屍現場留下的輪胎痕跡與他的車子一致，警方在針對這些疑點重重追問後，終於將他逮捕到案。

與頭髮有關的事件還有很多。茨城縣潮來市的水鄉地帶發現一具全裸的女性浮屍，屍體上綁著三個水泥塊，想必是做為鉛錘使用，讓屍體沉入水底。不過，屍體一旦產生腐敗氣體，便會腫脹，因此產生強大的浮力而浮出水面——僅僅三個水泥塊根本沒什麼效用。

驗屍後推定死者死於一個月前，年約六十歲。雖然已從指尖取出指紋，但還是無法查出身分。警方在調查了條件與之相符的離家出走者及失蹤者後，發現有一名獨自住在東京世田谷區的六十一歲女子，正好就在一個月前賣掉房子和土地，之後便下落不明了。

因為腐敗的關係，遺體的容貌已變形到連家人和友人都無法辨別。直到看了假牙、戒指等物品後，才確認是該名女子。不過，警方可不能光憑這樣就斷定屍體的身分。

他們想採取在宅指紋（附著於住居內的指紋）來互相比對，所以跑了一趟死者在世田谷的住居。可是，土地售出一週後，不動產商便把房子拆了，那裡早已是空地一片。而且櫥櫃、梳妝檯、餐具櫃等家具也一概搗毀，丟到東京灣的人工島——夢之島去了。至此，鎖定特定人物的線索，可說是全都斷了。

安排得如此周到，反而引人懷疑。警方自然想追查下去，但搜證卻陷入瓶頸。此時，有人提議能不能從頭髮下手？房子被夷成平地，形跡盡失，真能從如此企圖煙滅證據的現場裡找到頭髮嗎？

彷彿推理小說般，警方在應是浴室的地點開挖，居然找到一小撮乾巴巴地附著於地下排水管中的頭髮。經鑑定，總算確認這些頭髮與水鄉那名女子的血型及其他特徵均相符。這起奪取世田谷豪宅的殺人事件，經過半年終於破案。這是搜查、鑑識上的一大功績。

話說回來，茨城與東京，連結這相隔遙遠兩地而讓案情水落石出的關鍵，就是有「女人第二生命」之稱的頭髮。

醫學的發展堪稱日新月異，然而，命案現場的法醫學仍在辛苦的匍匐前進。

橘子

相驗工作多半都在死者家屬的悲嘆聲中進行，有時還會聽見哭號或啜泣。雖說早已習慣了，但內心總是不好受。

特別是遇上白髮人送黑髮人的情景，就更讓人不忍卒睹了。例如看見媽媽抱緊車禍喪命的幼子，撕心裂肺地哭喊「再叫一聲媽媽好嗎？」我便會幾乎無法呼吸、胸口似要炸開般的難受。

儘管法醫得站在冷靜的相驗立場，但我總會不由得地被捲入那傷感的情景中⋯⋯

有一回，警官帶我前往某棟公寓的一室驗屍。只見年約三十歲的母親倚著一件折好的棉被，懷裡抱著一個剛過一歲的幼兒，正在吸吮著母奶。

我以為自己走錯房間了，於是看向會同的警官，卻見他木然地凝視著幼兒，嘴巴不住地顫抖——我相驗的對象，正是那位母親。望著完全不知道母親已經死去、仍天真地專心吸奶的幼兒，我們都禁不住掉下了眼淚。

法醫從事的正是與死者打交道的工作，早就都有相當的心理準備，但遇上此情此景，雖然說命由天定，我依然會因為命運太過殘酷而憤懣難消。

一天，在結束三件案子後，我緊接著搭乘相驗專用車前往第四起事件的現場。負責開車的同事突然將車子停在路旁。雖說他有點年紀了，但在醫務院上班其實還不到一年；平時，他從一個事件現場到下一個現場時，車子總是開得飛快，這天倒是有點慢吞吞的。

或許是車子的狀況不好吧，我什麼也沒說，就靜靜等著。一會兒——

「醫師，請您稍等一下，很抱歉。」他的語氣誠惶誠恐，並且取出手帕，擦著眼睛，「眼淚搞得我看不清楚前面了，真不好意思。」

應該是想起剛剛結束的那件案子吧。那是一個單親家庭，母親突然病死，留下了一兒一女，一個讀國中，一個才小學。剛剛在等待相驗工作結束的過程中，他想必是緊緊咬住牙關的吧！

開車的同事不僅掛心那位母親的後事，更擔心那對兒女今後的生活，於是拜託會同的警官，請他們找民生委員好好商量，擬出善後對策。警官也給出承諾說：「我知道，一切包在我身上。」要他千萬放心。

由於必須趕往下一個相驗現場，我們對那對兒女說：「之後的事情，剛剛已經拜託刑警先生了，你們不要擔心！」「打起精神喔！」

然後摸摸兩人的頭，便開車上路了。

相驗專用車上坐著法醫、助理和司機三人，一路上誰也沒有開口。沉重的氣氛中，車子的速度也快不起來了。

「我也有個年紀差不多的小孩，所以忍不住就……」

邊說著，司機邊振作精神，車子再次向前奔去。

某一年的年終，我接到一個包裹，上頭寫著「東京都監察醫務院院長收」。打開來一看，裡面是橘子，還附上了一封信。

我雖然知道「監察醫務院」這個大名，但我萬萬沒想到，這會是我終生難以忘懷的名字。

從文章、筆跡來看，估計是個頗有教養的婦人。

世人常說，沒有父母，小孩也會自己長大。然而，年老以後，獨子卻先白髮人而去，被留下的父母該怎麼過日子？根本沒法過啊！這一年來，我沒有一天不以淚洗面的。唯一令我感到溫暖的，是最後幫助我們的醫師，他真是一位心地善良且人格高尚的好人。我兒子雖然不能重生，但幸好有這位醫師，我的內心終於感到安慰，真的無限感恩。這是我們家前面田裡種的橘子，小小東西不成敬意，敬請享用。

僅知寄件人署名「伊東市仲尾」，其餘一無所悉。我查過之前的記錄，但找不到這個人。詢問宅配公司，得到的回覆是，收件的人員說應該是一名不住在那附近的陌生婦人寄的。我也請警察協助查一下那附近的住戶，依然一無所獲。當然，我代表同仁寫的感謝函也得不到回信了。

十多天後，也就是每年最後一天上班日，我跟全體同仁說了這封信，以做為一年的總結。工作時能夠體恤到死者家屬，這份用心比什麼都讓人感到寬慰欣喜；這些橘子酸酸甜甜的滋味，肯定深深沁入了每位同仁的心。

而我，也深刻感受到，**母親思念愛子的心情，真的是一種超越理性的本能啊！**

生命的價值

日本國有鐵道的青函聯絡船「洞爺丸」沉沒了。這是昭和二十九年[1]九月的事，我的一個小學同學就在這起事故中喪生。他沒結婚，在某公司上班，他的家人領到國鐵支付的賠償金，我若沒記錯，應該是五十七萬日幣。

看著他家人的悲痛欲絕，我一直沉重得難以接受——一條生命就值這些錢嗎？

隨著時代演進，如今交通事故死亡或醫療事故死亡已能夠獲得相當高的賠償金了。

一天早上，我匆忙地邊吃早餐邊看電視，突然一起火災影像闖入眼簾。火苗好像是從赤坂的新日本飯店九樓客房竄出，再延燒到十樓；畫面還拍到有人躲在窗框外等待救援。起火時間是昭和五十七年二月八日半夜三點半左右。

我們一上班就和警視廳的檢屍員通電話討論，然後組成緊急相驗班，隨時待命。已經有數十人死亡了，屍體安置在東京都港區芝公園的增上寺，我們預計下午前往相驗。屍體依運送過來的順序編上號碼，下午一點左右，相驗工作正式開始。

這是一起罹難者達三十二人的慘重悲劇。起初的十多人是跳樓重傷而死，接下來的十人是一氧化碳中毒身亡，剩下的三分之一已是燒成黑色炭化狀態的焦屍了……

有些人從高樓的窗戶探出來躲避火燄及高溫，並且拚命求救，但無情的火舌吞噬的猛勢之烈，逼得他們不得不跳樓，卻墜落身亡——這段畫面烙印在我腦中，久久揮之不去。還有的人是在飯店的濃煙中驚慌逃竄，然後因一氧化碳中毒倒下，而待在火源附近的人，應該都燒成無法辨識的焦屍了。

上班前只從電視上看新聞，詳情並不清楚，但依送進來的順序相驗屍體，就明白火勢有多可怕了。相驗過後，在檢察官的指揮下，我們必須為九具焦黑的屍體進行司法解剖。

此外，在被認定是一氧化碳中毒的屍體中，根據法醫判斷，決定對一名女性採用行政解剖，因為她身上的火傷不多，屍斑也不太具有一氧化碳中毒特有的鮮紅色，加上在她倒下的旁邊發現了一個皮包——裡面有一本護照，載明國籍為臺灣，懷有三個月的身孕。

由於從屍體外表很難判斷是否有孕在身，而且就想要查明死因與辨識身分這層意義而言，也非解剖不可。警方也希望能夠這樣做。

等到所有相驗工作結束，已是傍晚五點左右了。翌日早晨，這名女子的行政解剖工作，在警官的會同下於監察醫務院進行。外表的火傷範圍很小，而且生活反應很弱，因此

1 西元一九五四年。

火傷並非死因。氣管中有黑色煤塵附著，表示火災時還有呼吸、還活著。化學檢驗結果，血中一氧化碳血紅素濃度高達百分之七十五——無需多言，死因即一氧化碳中毒。然後，子宮裡有一個四個半月大的男性胎兒，也與護照上所載明的幾乎無異。

兩天後，死者的家屬從臺灣飛到日本，並為了未經家屬同意就解剖而十分火大。似乎是出於宗教方面或思想上的特別顧忌吧，他們很不喜歡解剖。於是，我們向家屬解釋行政解剖的法律根據。只不過，家屬們無法接受，他們強力反駁，認為人死已不能復生，沒必要再殘忍地殺害死人一次。

就法律而言，即使未經家人許可，依然可以進行解剖，但身為執行者，我們都一定會向家屬充分說明原因之後才進行解剖。法醫絕對不是因為喜歡解剖才解剖的，而是為了維護死者生前的人權，但家屬的心情並不難理解，因此，實際上都是取得遺族的諒解後才解剖。但碰到這種情況，該名女子的身分不明，同時也必須確認她是否為護照上的人，因此拒絕解剖是沒道理的。

於是，我改用另一種解釋方式。如果是一張僅經過相驗程序的屍體檢驗證明書（死亡診斷書），就無法得知死者懷孕的事實，而僅死者一人身亡，如此一來，賠償金只會有一人份；但經過解剖程序的屍體檢驗證明書，會明確記載死者腹中懷有四個月大的胎兒，那麼就能夠申請母親與胎兒兩人份的賠償金。我向家屬解釋，我們就是用這種方式在維護不能說話就死去的人的人權。

終於，憤怒變成感謝，圓滿收場。只要能正確理解相驗及解剖的意義，便能明白監察醫制度是衛生行政上不可缺少的重要一環。

話說回來，生命的價值，終究只能用金錢來換算嗎？

每每這種時候，我都會不禁想起一位法官的話——

「人的生命比地球還重。」

個體識別

船員們全都大吃一驚！一艘捕撈鮪魚的漁船捕獲了一隻大青鯊，剖開腹部後，胃裡面竟然有一隻人類的右手。這起海上事件發生在八丈島海面東南方五百哩的太平洋上。

那天晚上，他們為此舉行了祭奠，之後船長便指示將右手放進船上的冷凍室保存。此後第二十三天，漁船滿載著鮪魚駛入了東京港。

不消說，那隻右手被送到了東京水上警察署。縱然只是人體的一部分，也要比照異常屍體處理。特別是分屍案，每一部分有多重要，自是不在話下。警察署長委託我進行那隻右手的相驗及鑑定。

從前，我曾鑑定過一隻腳，就緊貼在國鐵日光號電車車體下面。那隻腳，就像是個木乃伊似的又乾又黑。木乃伊又被稱為永久屍體，是一種乾燥後不會變化，幾乎可永久維持的屍體現象。日本這樣濕氣重的地方，屍體幾乎不可能自然乾燥而木乃伊化，通常在此之前就會先腐敗，軟組織溶解，最後變成一堆白骨了。

這隻腳是因為黏在電車的車體下，隨著電車長時間奔馳的關係而乾燥、木乃伊化的。我請人幫我調查往來東京與日光之間的列車事故，查出半年前有一起撞車自殺事件，記錄註明著那是一名找不到一隻腳的中年男子。經過鑑定，這隻腳與該名男子的年齡、身高、血型等資料幾乎一致，便就此破案了。

與之相比，我感覺到這次的鑑定將會困難重重。首先，在太平洋這個特殊環境中，右手的主人是不是日本人就不敢說了。人種之別、男女之別、年齡的推定，以及右手斷掉時那人是活著或死了、死後經過多少時間、血型等等，必須考慮的事項太多了。

這就是法醫學上所謂的個體識別。一般而言，指紋是個體識別的最佳工具，因為它具有人獨一無二且終生不變的生物學特徵。不過，有時我們並無法採集到指紋，有時即便採集到了，警方那邊也沒有記錄，因此要查出身分基本上沒那麼容易。

在犯罪搜查當中，有所謂的「八何」原則：何時（時間）、何處（場所）、何人所為（犯人）、與何人一起（共犯）、何故（動機）、對何人（被害者）、如何進行（方法）、如何完成（結果）——這「八何」必須弄清楚才行。如果相驗的對象是誰都弄不清楚了，就無法成功破案。

像日本航空客機墜落於群馬縣山中[1]這類的事件，個體識別工作便特別辛苦。據說，

[1] 指一九八五年八月十二日的一場空難，五百二十四名乘客中只有四人生還。

屍體的損壞之慘根本無以形容，能夠靠長相辨識的遺體僅佔一成左右，其餘都是拿指紋、齒型、身體特徵（痣、手術痕跡等）、衣服來當參考資料。

漁船拿回來的那隻人手是在鯊魚的胃中找到的，因此又黏又滑。中指像是被從指根處摘掉般的不見了；手掌和手背有幾處切傷或裂傷，可能是被鯊魚咬的。不過，整體來說，這隻手還不算潰不成形。

總之，先拍照存證，照X光，取指紋。此外，我還從斷裂的手腕關節與手掌的切傷中取出一部分組織，做成標本後，再利用顯微鏡觀察。

要從局部的人體判斷出人種並不是容易的事，但由於其掌骨及指骨的長度，比起西洋人，跟日本人的長度較為接近，再加上指紋形狀、指紋係數都較接近東洋人，因此初步判斷是日本人。

至於性別方面，由於皮膚和指甲都較厚，肌肉和肌腱的發育良好，而且測量指骨的長度後再加以比較，發現更接近男性的數值，再綜合骨頭的發育、骨格等各方面狀況，判斷是男性。

此外，手指上沒有長期拿筆才有的筆繭，手掌的皮膚也很厚，因此判斷這是一名體力勞動者。之後，我們用顯微鏡觀察組織標本，看得出血管內膜肥厚，中膜已經纖維化，有中度的動脈硬化現象。

X光片中，骨端的骨化作用已經完成，並且達到成人標準，但看不到老人特有的骨頭構造消失透明化現象，因此判斷死者的年齡為五十歲左右。不過，每個人的狀況不同，未必都適用於這個基準。

以肉眼觀察斷裂部位及切傷、裂傷之處，發現傷口並不平整，不像是用刀子切斷的，比較像是鯊魚咬斷所造成的傷痕。

用顯微鏡看受傷的部分，看得見肌纖維斷裂，但看不到組織內有出血。如果是活人受到這種傷的話，必會伴隨出血，而且血球必會滲入血管周圍的組織中。

有上述這些現象就稱做「有生活反應」，死人受傷不會有這種變化，稱做「無生活反應」——這隻右手無生活反應。

這就是說，這名男子死掉之後，屍體在海中漂流，然後被大青鯊咬去了右手。又黏又滑的右手被透明的黏液覆住，手掌中有漂母皮[2]形成，這應該是長時間浸泡在海水中而起皺的。

再用顯微鏡一看，斷手的表皮已經脫落，真皮的汗腺裡可以看見細菌的核，表示血管中到處都有腐敗菌入侵了。

從這些檢查結果來看，手的表面組織，雖因鯊魚胃部的消化作用而有某個程度受到侵

---

[2] 雙手泡在水中太久而起皺的現象。古時稱洗衣婦為漂母，其雙手常因長時間泡水而起皺，是以將這樣的皮膚變化稱為漂母皮。

蝕，但比較深的地方並未受到太多影響，汗腺等也相對保存得較完整，因此判斷這隻手進入鯊魚胃部的時間不是太長。

我推定屍體是在漂流兩、三天後被鯊魚吃進肚子裡的，然後又經過了不到一天的時間被漁船船員發現。此外，我們取了一部分肌肉，查出血型為O型。至於男子的死因為何，僅從一隻右手實在無以得知。我的鑑定也就到此為止了。

警方根據鑑定結果進行調查，想查出死者的身分，但最後還是留下謎團未解。這件事在當年的年終成為了一則不算新聞的新聞，雖然有某報社為此進行採訪，但並未引起任何反應。

然而，像這樣費盡眾人心力查了又查，努力進行個體識別以揭開死者身分之謎，當中的苦心都是為了維護死者的人權。

都是保險惹的禍

一名母親經營了一家公司，最後因事業不振而自殺。最先發現屍首的人是她兒子，他考慮到母親突然自殺會領不到保險金，於是將現場弄亂成強盜殺人似的，就這樣偽裝成一起凶殺案。這種行為是利用親人死亡來不法謀利的惡質犯罪！

有一起案例與之相似——

當時我是去相驗一名服用大量安眠藥而死的年輕女子，據說她因失戀而失眠、精神衰弱，經常吃安眠藥。那是個人人皆可在藥局買到安眠藥的時代，由於能在熟睡中輕易地離開世界，因此很多人選擇用吃安眠藥結束生命。

一天夜晚，這名女子在喝酒後服用大量安眠藥，等到家人發現時已經太遲了，雖然緊急將她送醫治療，但早已回天乏術。面對警方的偵訊，她父母聲稱她是誤吃了太多安眠藥才不小心中毒死亡的。

然而，再怎麼常吃安眠藥的人，吃十顆、二十顆就已經很了不起了，要誤食到足以致死的近百顆安眠藥，實在難以想像。配水一次能吞進去的量頂多就七、八顆吧，那不就等於要喝十幾次水才能吞掉所有的藥？想到這裡，我認為她不可能「誤服」那麼多安眠藥！

會同警官也覺得事有蹊蹺，於是重新展開調查，後來她的父母才向警方坦白，因為世人對自殺的觀感不佳，他們怕此事會影響到死者兄妹的婚事，便偷偷燒掉女兒的遺書，佯裝成不慎中毒身亡。但不只如此，這件事還牽扯到死者才剛加入的生命保險。

自殺當然拿不到理賠，但若是無死亡意志的事故死亡，就能獲得倍額保障。許多保險公司的合約規定，只要加保一年以上並繳納保費，之後即便自殺，也會給付受益人約定的賠償金，但加保未滿一年的自殺則不予給付。

即便以自殺為前提而投保了高額壽險，有些人想死的決心可是攔也攔不住的，沒過幾個月便撐不下去而自殺了；有的人則是為達目的而咬牙忍住想死的心，按期繳交保金，努力撐過一年，但若是這種情況，那個人在那個時間點，精神上其實早就振作起來，變成一個不會自殺的人了——人心實在是有趣啊！

不過，根據最近保險公司的統計，投保後十三個月的自殺案例增加了。這或許是時代所造成的，如今已變成「金錢重於生命」了啊。在那當中，也不能說完全沒有犯罪案例的存在，聽說有些保險公司正在研究是否要將一年的免責期間延長為兩年。

一家四口開車出遊。夜晚十點過後，他們順路來到別府港，不知出了什麼事，竟連車帶人從岸壁墜落大海。妻子與兩名小孩坐在車中沉入大海溺斃，只有丈夫逃出車外獲救。案發當時，他才剛跟這個帶著兩名小孩的女子結婚不久，這是他的第二段婚姻。

面對警方的偵訊，獲救的男人表示開車的人是妻子，並主張可能是單純的過失，或是有病在身的妻子企圖帶全家一起投海自盡。不過，警方調查得知，案發數月前，先生已為妻子三人投保十倍保障、三十倍保障等總計三億日幣的鉅額意外險，因此認為這是圖謀保險金的計畫性犯行而起訴該男子。

法庭上的爭議點在於：事故當時開車的人是丈夫或妻子？為何只有男子從墜海的車子中逃脫出來？有目擊者表示，曾在案發前看見男子開車，而且根據車子墜海的實驗結果判定是男子駕駛，因此大分地方法院以犯行手法冷酷且殘忍而判決男人死刑。有新聞報導指出，男子有前科，是一位犯罪經驗豐富、犯罪手法愈磨愈精的法庭攻防老手。這起命案上訴到最高法院，但被告於平成元年[1]一月十四日病死，尚未定罪便告終結。

我所專攻的法醫學，是基於事實來維護人權、維持社會秩序的一門醫學。

人生只有一次。必須靠不法行為來活下去，真是悲哀至極。

[1] 西元一九八九年。

家庭破裂

雖是家人，要是彼此的信任關係瓦解，有時就會破裂到無可收拾的地步。

某分店長一家共五口人——他與妻子、三個孩子。他們一直過著平穩的日子，但自從就讀國中的長子罹患腎臟病過世後，一家子的悲劇便開始了。長子之死帶給母親莫大的衝擊，使得她精神狀態不穩定了起來，又因為失眠，經常服用安眠藥。她在婚前曾經有段時間住進精神醫院治療，後來痊癒了，才與分店長結婚。

因為工作的關係，分店長總是晚歸，連長子死後也無心安慰傷心的妻子、無暇照顧家庭，總之，就是被工作追得團團轉。妻子因而對丈夫愈來愈不滿，精神狀態也愈來愈差。沒多久，她便開始懷疑晚歸的丈夫是不是搞外遇。

終於，在某個夜晚，她疑神疑鬼地跟蹤下班後走出公司的丈夫，一路尾隨他來到一間料亭。不出所料，那裡有場盛宴，還親眼目睹到酒醉的丈夫與酒家女調情！這畫面讓她的心極度動搖，根本不聽丈夫的辯解，當場就吵起架來，夫妻關係自此降到冰點。

數年後的一個春天，妻子突然離家出走，企圖服用安眠藥自殺——幸好未遂。

長女（高中生）與次男（國中生）姊弟倆認為是父親把母親逼成這樣的，對花天酒地的父親感到憤怒，非常同情母親。一般而言，只要雙方好好溝通就能誤解冰釋，但夫妻倆卻總是一開口就吵架，根本連個和好的頭緒都沒有，孩子們也愈來愈不信任父親了。

那年秋天，妻子買了三盒安眠藥，每一盒有一百錠。然後全部放入茶杯中，用開水溶解後喝下去。長女放學回來，發現母親整個人精神恍惚、走路搖搖晃晃的。沒多久，弟弟也回來了，姊弟倆打算跟隨母親一起去死，但杯子裡是空的——沒藥了。

最後，他們只能火速送母親去醫院搶救，但母親一直意識不清，半天後就去世了。

姊弟倆都認為是父親害母親自殺的，心中對他充滿了怨恨，言談中也不時透露出一有機會就要追隨母親腳步而去的決心。分店長於是向公司請了長假，同時讓兒女向學校請了假，想陪伴並等待兒女氣消，非常努力地修補親子關係。

十多天後，姊弟倆都恢復精神地回到學校。一家人終於得以再出發，父親便安心地銷假上班去了。之後過沒幾天，就迎來已故母親的生日。

當天，一如往常地，父親與姊弟倆大約在晚上十一點就寢。然而，這個就寢其實是姊弟倆欺騙父親的手段——兩人之前早就約好，要在母親生日這天去「找母親」。

聽見父親的打呼聲後，姊姊叫醒了弟弟，將準備好的六盒安眠藥分成兩份，像母親從前那樣放入茶杯中，用水溶解後喝下去。在死之前，姊姊寫了一封遺書給母親——

媽媽，我要在妳生日這天去找妳。妳不會寂寞的，請再等我一下，我會照顧妳的。

同時，她也寫了一封給父親，留下充滿恨意的文字——

我們兩個死掉以後，請你不要碰我們。殺死媽媽的人就是你！

弟弟似乎也按照姊姊所說的做了。隨後，姊弟倆在餐桌上留下喝安眠藥的茶杯和遺書，又各自鑽到自己的被窩裡。

翌日早晨，父親被姊弟倆異常的鼾聲驚醒，兩人的氣息同妻子自殺時一模一樣，於是連忙叫救護車送醫。

然而，弟弟搶救不及，姊姊也沒有從昏睡狀態中醒來，在傍晚時去世了。年幼的姊弟倆都追隨母親自殺身亡了。

好好的家庭就這樣破碎了。父親真的有小三嗎？母親沒有精神方面的疾病嗎？姊弟倆是否足夠成熟到可以充分理解父母失和的真相呢？唉，**一件小事竟釀成如此重大的憾事，家人之間若能互相包容與理解，或許就不會搞到這樣無可收拾的地步了。**但不論如何，我都深切意識到身為成年人的責任。

當法醫這三十年來，我到過各種異狀屍體的現場。我不是特別有研究自殺的興趣，但由於能夠讀出死者心中所想的事情，因此每每碰到這種案例時，總會忍不住思考，難道沒有伸出援手的方法嗎？只是在我這麼想的時候，事件都早已結束，想出手也無能為力了。

我只能心懷焦躁的情緒繼續法醫的工作。

在工作中，我也注意到，因為未能向家人傾訴內心真正的想法而遭到家人疏離，導致落寞選擇一死的老人，真的愈來愈多了。若能將此實情讓社會大眾知道，找出救濟弱勢的方法，將會是衛生行政上的一大突破。而能夠為這些弱勢發聲的人，就是站在現場調查實情的法醫了。

我認為這是幫助他們的唯一途徑了。於是，昭和五十一年至五十三年[1]的三年間，我與同事一起調查研究，然後在學會上發表了一篇論文——〈老人自殺〉。

人們的平均壽命隨著醫學進步而延長，但與此相對地，老人自殺的情況卻愈來愈多，而且全世界皆有這種趨勢。老人的人生閱歷豐富，卻不得不選擇自殺，是經濟逐漸富裕的生活出了什麼問題嗎？尤其我們日本，是由受戰前教育的老人、於戰爭中長大的壯年，以

---

1 西元一九七六至一九七八年。

及在戰後這個截然不同、可說是在自由主義思想中長大的青少年所組成——是這三種人互相協力，建立起家庭與社會。

然而，當老人從社會第一線退下來了，他們在家庭中，與抱持不同生活理念的世代共同生活，卻得不到理解與尊重，只能忍氣吞聲、苟延殘喘似的度過餘生。我去為這些自殺老人相驗時，總會感覺到家庭內部的冷漠。

姑且不論相驗結果為何，我所發現的情況大都是沒人陪伴老人家、跟他們說說話——被冷落在孤零零的角落。在詢問死者的自殺動機時，家屬往往含糊其辭，只說老人明明不缺吃穿、生活也沒什麼不方便的，卻偏要自殺等等；他們完全撇清自己的責任，甚至怪罪自殺的老人給大家帶來麻煩。

然而，一個人活不下去而選擇自殺，肯定有相當的理由，一起生活的家人不至於一無所知。若被這樣反問，他們就會把自殺動機推託是生前神經痛等病痛之苦太難忍受。

活了七、八十年，都是見過人生大風大浪的人了，為什麼會因為神經痛就非死不可？病痛肯定不是真正的原因！

我知道家屬的說法只是為了顧面子，也就不再追問了，只能按捺住不快的心情，沉默地完成相驗工作。

其實，家人早就把老父母當成拖油瓶，對他們不理不睬，但這種事不可能對外人說，於是，我們也只能將老人的自殺動機當成家人口中的病痛難耐了。

因此，在統計上，老人自殺的理由以受病痛折磨居多，但真正的原因，站在現場的法醫心裡可是明白得很！

表面上說是病痛折磨，但依我們的經驗，死者罹患的多半是高血壓、神經痛等疾病，鮮少是死期迫近的重大疾病，其實並不會痛苦、煩惱到不想活才對，只要家人能夠給予溫暖的照料與安慰，就能充分緩解病痛，因此，我們認為很多案例其實是家人對待老人家太過冷漠所致。也就是說，真正的動機不是受病痛折磨，而是隱藏於家人之間的冷漠。這些案例也讓我們重新認識到要解決老人問題的困難重重。

調查東京的老人生活狀況，人數最多的是三代同堂的老人，其次是與孩子二人同住、夫妻兩人同住，最後是獨居老人。與家人同住的老人看似最幸福，其實不然，獨居老人也未必孤獨寂寞。

一個人獨居有自己的世界，只要能與來訪的家人、附近的鄰居經常互動，生活就能夠過得有滋有味。與家人同住，卻得不到親密家人的理解而遭到冷漠以對，這樣的落寞成為老人難以忍受的孤獨，進而演變成自殺的動機——這點絕不可輕忽。三代同居的老人看似最幸福圓滿，其實自殺者最多，這實在是讓人震驚啊！

諸如婆媳問題等，老人的自殺動機多為家庭問題，說高達七、八成並不為過。人一步入老年，身心功能退化、社會功能低下，加上收入減少，在家中的地位大不如前，家人往往視之為拖油瓶而不理不睬。**別以為這不干己事，這是我們不久就會面臨到的問題啊！**

這篇論文發表後立即被報紙及電視採用，也受到了社會福利相關人員的重視。總理府、厚生省、國會議員等紛紛向我要資料，徵詢我的意見。

當時，我們的社會福利主要著重於獨居老人，但是，在這篇論文發表過之後，他們也重新關注了與家人同住的老人家。後來，我還聽到某些社福相關人員說，這篇論文對國家的社會福利政策起了莫大的影響，當局已著手進行改善。能夠為老人發聲，真是讓我倍感欣喜啊！

我深深覺得，家庭破裂事件也好，老人自殺事件也罷，面對這個社會病理學現象，我們每一個人都必須努力思考，早日找出解決之道，建設開朗的家庭、宜居的社會才行。這不單單是社會福利的問題，**如果不能改造出健全的家庭（家庭是社會的最小單位），這類問題就永遠不會真正的解決。**

醫學與法律

在過去那個深信只要驅魔除妖便能夠治病的時代，祈禱是最主要的治療方式。時至現代，我們已經能用科學方式解開疾病之謎，並施以高精準度的醫學治療了，但向神佛祈求康復的心在今日依然不變。

這是昭和三十二年[1]的事。一名發瘋少女被說成遭狐狸附身，巫師燃燒線香五百束，進行長達三小時的火供祈禱儀式，結果，被綁在祭壇上的少女在四十度的高溫中死亡。

這起事件引發人們爭論：該適用憲法第二十條之宗教信仰自由而被容許，或是該以遺棄罪法辦？最後，最高法院判決這是屬於反社會行為；憲法雖保障宗教信仰自由，但宗教活動若構成犯罪，依然不被容許；此事件適用傷害致死罪。原本是為了治病，沒料到結果卻鬧出根本與醫療行為沾不上邊的命案！

[1] 西元一九五七年。

還有一件事情，發生於戰後性解放風氣大盛、東京街頭男妓橫行的時候（昭和三十六年）。這些男妓中，有人動變性手術切除睪丸、陰莖，把自己變成女性。這類手術不能算是醫療行為，在日本是明確違反醫師法的。

有趣的事情來了。有人抗議，認為這跟想治病去看醫生是一樣的，這些人就是強烈地想變成女性才去動手術，因此這種手術不算違法。

若是俗稱的陰陽人，因為同時具備兩種性徵，當事人的確可以依自己的希望要求去掉睪丸變成女性，或是去掉卵巢成為男性。然而，這些變性手術的案例與陰陽人不同，他們是身體無畸形、無任何毛病的健康男性，如果切掉睪丸等而整形成女性，就算是出於本人所願，在日本也不會被認同是醫療行為。

然而，即便法律不容，還是有許多人遠赴海外，到容許這類變性手術的國家去一償宿願。抗議者認為，法律條文本身是死的，應該更加了解並發揮法律的精神才對。

昭和五十五年，赤坂有一名失戀女子開瓦斯自殺，並留下遺書說：「他拋棄我，和別的女人結婚了。」由此看來，這是一起常見的失戀自殺事件。

屍體上出現一氧化碳中毒特有的鮮紅色屍斑，死因十分明確。

相驗工作結束後，正想開立屍體檢驗證明書（相當於臨床醫師的病歷）時，我問會同警官死者的住所、姓名等資料，得到的卻是一個男性的名字，於是我再次確認：「我是問她的名字喔！」

會同警官惡作劇地笑著說：「法醫，他是男的。我想說，我先不說出來，讓法醫您自己看比較好玩。」

「咦?!男的！」

體型就不在話下了，這個人有乳房、外陰部，都是女人才有的，指甲上還塗著紅色寇丹呢！於是，我不得不重新相驗以確認性別。對法醫來說，重新相驗真是丟臉丟大了！

乳房雖然豐滿地隆起，但摸起來的感覺像是皮下裝了合成塑膠，很不自然。外生殖器的陰莖切掉了，撥開陰毛細看，只剩下一個尿道口而已。陰囊沒有睪丸，那樣的陰囊變成大陰唇般，乍看讓人誤以為是女人。

「唉呀！敗給他了。」

我聽過變性人，卻是第一次親眼見到。雖然成功從男性變成女性了，但就醫學來看，這種人沒睪丸也沒有卵巢，只能歸為中性。由於在日本無法動變性手術，聽說許多人都是特地飛到埃及去做。據傳，在赤坂一帶，這種「女人」相當多，收入都很不錯。

我不禁感嘆，日本也變成一個奇奇怪怪的國家了。一名老鳥刑警裝模作樣地說：「唯一缺點是，尿尿時方向不能固定，就跟灑水車一樣。」這番話惹得眾人哈哈大笑。

話說回來，中性人被男友拋棄而失戀，真不可思議。有人說，這些人的心理根本是女性了。或許沒錯吧！但我還是覺得怪怪的，難以完全贊成變性的風潮。真想直接問問可以動變性手術國家的醫師，了解一下他們的想法。

昭和六十年發生的耶和華見證人[2]拒絕輸血案，也在醫療現場引起廣泛討論。一名十歲少年因為車禍造成下肢雙雙斷裂，必須進行輸血及手術。

少年表示自己想要活下來，但他的父母卻因為宗教上的理由而拒絕讓兒子輸血。最後，醫師無法輸血，少年死亡。

是否應該醫療歸醫療、宗教歸宗教，身為醫師，就該執行正確的治療處置而強行為患者輸血？又或是基於宗教自由而尊重患者的意思呢？

這種情況，我們該尊重少年的意思，或是以父母的意思（親權）為優先呢？這又是一個值得討論的問題。不過，**從醫療的立場看，答案只有一個，無論如何，盡全力治療以挽救生命，是醫師的使命和責任。**

換個話題，我曾為一起母子自殺事件相驗，那名母親帶著十歲少年出去旅行，兩人都留下遺書，少年的遺書寫著——

我要和媽媽一起去。

該怎麼正確評斷這封遺書呢？如果認為少年也有自殺的意思，那麼本案就是母子兩人一同自殺了，但若少年不過是聽了母親的話才寫遺書的，那麼這就是一起他殺事件——母親逼迫少年一起自殺。真相為何，難以判斷，但我記得自己最後是選擇後者，以他殺命案處理這個案件。

諸如此類，**醫療現場常會出現許多涉及法律、宗教的敏感問題，必須謹慎處理才行。**

---

2 耶和華見證人（Jehovah's Witnesses）是基督教中的一個新興宗教派別，其信仰理念不食血，也不接受輸血的醫療方式。

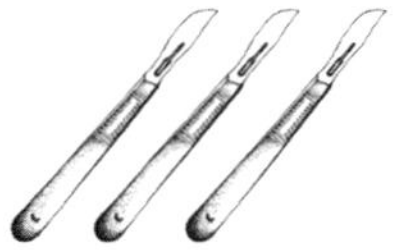

日本女貞

在醫學的領域中，怎麼都查不到「日本女貞」這個名稱、用語。這是二十多年前的事了，我出席一場法醫學會，負責某事件的大學教授提到了「日本女貞」的事。

回家後，我連忙翻了翻書，查到辭典《廣辭苑》裡頭的記載：這是一種木犀科常綠灌木，生長在西日本等溫暖地區，通常做為庭園樹木或綠籬，四至五月開花，特徵是——從種子埋在土中，直到發芽，需費時兩年。

昭和三十八年[1]三月底某一天的傍晚，一名四歲男孩失蹤了，這是發生在東京一處老街的事。家屬向警方通報失蹤兒童，但一直找不到人，警方懷疑是綁架，於是展開極機密的調查。

兩天後，家屬接到綁匪的電話。一如所料，對方要求了一筆贖金——五十萬日圓，還說：「我會再指定地點，交錢後就把小孩送回去。」之後歹徒多次更改指定地點，並且不斷威脅說：「敢報警，小孩就沒命！」

這起事件的結局是：五十萬被凶嫌拿走了，小孩卻沒回來。

兩年四個月後的七月，警方終於逮捕到犯人。他表示自己在綁架的當天夜晚便把小孩勒斃了，屍體埋在附近寺院的墳墓裡。根據這項供述，搜查員前往現場搬開墓碑，在骨灰罐旁邊發現一具面目全非的兒童屍體。

屍體的變化相當大，大到無法進行個體識別。奇怪的是，小孩的口中長出三根長十公分左右的植物嫩芽——是日本女貞！

估計日本女貞的種子是犯人在埋葬屍體時落入小孩口中的，經過兩年四個月後，種子已經發芽了。這些植物嫩芽正好證明犯人的供詞並無虛假。日本女貞雖是意外的插曲，但回顧整起事件，便會發現日本女貞種子的意義重大。

如同車禍肇逃事件一樣，我們可以從現場的剎車痕跡、沾在衣服上的車子烤漆、輪胎痕跡、破損的車子零件等來鎖定肇事車輛，由此可體認到現場檢證的重要性。

溺死的情況也差不多。氣管或肺部吸入水分，造成窒息而死，就叫做溺死。水分裡面會有浮游生物，溺死時，水分和浮游生物會從肺部的血管被人體吸收而循環全身，然後，浮游生物會卡在肝臟、腎臟等臟器中，解剖後，若能從肝、腎等處檢驗出許多浮游生物，就能診斷為溺死。

---

1 西元一九六三年。

如果是殺害後才棄屍水中，假裝成溺斃的樣子，因為肺部進水，乍看之下宛如溺死，但由於血液循環已經停止，浮游生物便不會被人體吸收。我們可以從這個區別加以判斷是否真為溺死。

甚至，如果知道臟器內浮游生物的種類，還能鎖定溺斃地點（河川、池塘、海洋等一定的區域）。曾經就有案例，法醫解剖一具出現於東京灣的浮屍，經過種種檢查後，發現是跳河自殺後流到大海去的[2]。

不論是日本女貞或者是浮游生物，都不在醫學領域之內，然而很多狀況都顯示，**這些與醫學不相關的東西卻是破案的重要關鍵。**就我個人來說，倒是非常喜歡這種利用、應用一切的自然科學。

[2] 見〈死後也要看專業醫生〉的其中一個案例（九十四頁）。

木口小平

我小學一年級的生活與倫理課本上，有這樣一段課文——

木口小平
中了敵人的子彈
不幸身亡
但是
他的嘴巴還緊緊咬著
喇叭不放

中日戰爭時，有一場戰役，在隊長的突擊命令下，以木口小平吹的喇叭為信號，全隊衝出戰壕，舉起槍與刺刀，狂聲吶喊地殺進敵陣中。

戰役結束後，環顧現場，發現木口小平倒在敵陣中身亡。不過，他的嘴巴還咬著喇叭不放。課本圖文並茂地記錄這一名喇叭兵的英勇事蹟，老師藉此勉勵我們：將來長大後，也要像木口小平那樣，當一個既勇敢又負責任的人。

長大後，我進入醫學系。時代改變了，已經沒有軍隊了，但法醫學的課堂上卻突然冒出木口小平來。教授解釋道，嘴巴咬著喇叭，既不是因為勇敢，也不是因為負責，而是屍體僵硬的化學現象。全班同學頓時哄堂大笑。

弁慶立往生[1]的故事也一樣。通常來說，人死後會神經麻痺，肌肉因而會失去緊繃、變得鬆弛，於是整具屍體會變得軟綿綿。大約兩個小時後，身體出現化學反應，肌肉開始慢慢收縮硬化，關節也不能活動了，這就是所謂的屍體僵硬。屍體僵硬，是因為肌肉裡的肝醣變少、隨著乳酸增加而三磷酸腺苷活性低下等，於是肌肉慢慢變硬的現象。大約死後二十小時，屍體的僵硬程度最高。

不過，若是運動中猝死的，由於肌肉處於疲勞狀態，這些化學物質會迅速強烈反應，那麼死後便會立刻出現僵硬現象。木口小平就是這樣，弁慶的立往生也是。

曾經，有一具漂流水中的死屍，被發現時手中還握著雜草。警察懷疑是否為凶殺案而審慎調查，但結果是：死者在河邊摘花，不慎滑倒而抓住岸邊的雜草，最後雜草被扯斷，人也墜河溺死。河堤上有滑落的痕跡，而且與家屬的供詞一致，因此判定不是命案。

屍體僵硬會提早且強烈地出現在疲勞的肌肉上，但等到屍體開始腐敗，僵硬現象便會逐漸緩解。由於這是一種化學反應，會受到體格、氣溫與屍體所在環境的影響，所以沒有一定。相驗時，我們會觀察屍斑、屍體的僵硬狀態來推定死亡時間，但要說出精準的時間則有一定的困難。

聽說，如果請和尚來誦經，僵硬的屍體就會變軟，表示往生者可以成佛，值得開心。像這樣將死者「一度僵硬，然後慢慢緩解而變軟」的屍體現象摻入勇敢、責任乃至宗教意義等，而編成一則故事，就會讓事情偏離其事實。編造這種故事的人，算是一種社會騙子吧！無論如何，都不要上這種騙術的當。

日本有句俗語說：「鬼怪露真形，原是枯芒草。」

提心吊膽地看仔細，原來哪是什麼鬼怪，只不過是枯萎的芒草——相驗現場要求的，就是這種冷靜的觀察與判斷。

1 日本平安時代的武藏坊弁慶為了保護家主，遭亂箭射中後仍苦撐著不倒下，到斷氣那一刻仍維持著站姿。

鑑識與相驗

一名五十歲左右的女子，在距離商店街不遠的一家房仲公司二樓開了一間小餐館。女子人品不錯且處事圓滑，很受歡迎，客人還真不少。然而，最近四、五天以來，餐廳卻一直關著，樓下房東覺得奇怪，便拿備用鑰匙上去一探究竟。

店裡看不出有異，櫃檯旁邊的四疊半房間是女子的臥室。打開拉門，發現人就睡在棉被裡，出聲喊她卻毫無反應。房東走進去想搖她起來，這才發現人已經死了。

接獲通報之後，兩名刑警趕到現場，並且掌握了大致的狀況——在一間沒有窗戶的密室中，一名女子躺在被窩裡於睡夢中死去。刑警掀開棉被，發現毫無紊亂，女子呈現極自然的睡姿，但臉上似乎有一點紅褐色的瘀血。

時值一月中旬，天氣酷寒，但是因為已經死後幾天了，瘀血也有可能是腐敗造成的。不過，眼瞼結膜下有出血點，因此刑警聯絡本署，表示為慎重起見，有必要進行詳細的鑑識。沒多久，刑事課長帶領幾名屬下趕到了現場。

鑑識人員將現場狀況一一攝影存證，由警官指揮的鑑識工作正式展開。

女子為何會死在這個密室中？是在就寢中因病猝死？自殺？或者有其他原因？諸如此類，對現場的一切——包含屍體狀況在內——進行地毯式調查，正是警方的鑑識工作。他們同樣站在維護人權的立場，只不過判斷的根據主要是法律。

依現場的情況來看，凶殺案的可能性很低，死因應為病死。但無論如何，既然現場有屍體，就得請醫師前來診察（驗屍）。在設有監察醫制度的東京都內，遇到這種情形，專門負責相驗、解剖異狀死亡屍體的法醫就必須到現場去，在警官的會同之下，進行屍體檢驗（相驗）。法醫會仔細觀察屍體，判斷死因，推定死亡時間，一一解讀屍體所釋出的訊息——判斷的根據是醫學。換句話說，醫師的相驗工作是在對警方的鑑識工作提供醫學上的協助。

女子的屍體已有輕度的腐敗，角膜混濁，屍體僵硬現象已經有點緩解了。依屍體的狀況來看，推定是五天前死亡，或許是這個緣故，臉上才會變成紅褐色。不過，仔細觀察，臉上除了有瘀血之外，還有出血點，眼瞼結膜下也有很多個出血點，因此不能僅以腐敗帶過。即便頸部沒有明確的勒斃所致的索痕，也沒有明確的扼殺所致的手指壓痕，但法醫判斷頸部壓迫導致窒息死亡的可能性很高。

但是，警方提出反駁，根據調查，這是一間上鎖的房間，呈現密室狀態，別人不可能從外面進來，因此他們推測是在就寢中病死的。

再說了，除了窒息死亡之外，生病暴斃者的臉上同樣會有瘀血、眼瞼結膜下也會有出血點。

此外，警方還提出了許多法醫學上的見解，比方說，看不到窒息致死時會有的咬舌狀態，以及下半身衣服及棉被都很乾淨——沒有大小便失禁狀況等，因此他們判斷，病死的可能性比窒息死亡的可能性更高。

在屍體面前，法醫與警官不斷討論著。從屍體狀況及現場狀況來看，不可能是自殺。另一方面，店內整整齊齊，抽屜中有當天晚上六名客人消費的收據，現金也都完好地放在裡面。後來，警方還得知有一名男子包養死者，年約六十五歲，就住在附近，這名男子於半夜一點過後離開，然後餐廳就打烊了。

該名男子被以證人身分傳訊。據說離開警署時，他還狂妄地丟下一句話：「如果她不是病死的，搞不好我就是凶手呢！」警方透過鑑識工作所知道的就是這些了。

這麼一來，就只有解剖一途了。一般來說，犯罪的可能性很高的時候，會在檢察官的指揮下進行司法解剖，若判斷為單純的病死，由法醫進行行政解剖即可。為區別這兩者，檢屍員從頭至尾參與了這起案件。檢屍員是警察幹部，主要任務是檢視異常死亡的屍體，鑑別是自殺或他殺，具有豐富的法醫學知識。最後，檢屍員採納法醫的意見，因此決定進行司法解剖。

於是，這個案子以犯嫌不詳的勒掐致死事件為由，翌日便於大學的法醫學教室進行解剖。解剖的結果是：死者遭人以手勒緊頸部而導致甲狀軟骨骨折，其周圍的肌肉裡有出血，確定是扼殺。

店內沒被弄亂。

當天收入沒被偷走。

凶手握有備用鑰匙。

根據這幾點，警方推測凶手與死者相當親近，包養女子的男子因此遭到通緝。他在逃亡一個月後，終於還是落網了。原來，死者生前對這名男子愈來愈冷淡，男子氣不過，便將她扼殺致死，之後幫她換上睡袍，放進棉被中，偽裝成就寢中病死的樣子。

為了維護死者生前的人權，搜查專家與醫學專家通力合作，追出事件的真相，不容出錯。這就是警方的鑑識與法醫的相驗！

愛的貼貼臉

昭和四十年[1]五月，某大學的漂鳥社團[2]為了訓練新入社員，展開一場奧秩父大縱走。每個人都背負約三十公斤的行李翻越山路。新社員們陸續精疲力竭而掉隊，但卻被學長姊以鼓舞精神為由，承受了宛如集體施暴般的「魔鬼訓練」。

不過，在訓練過程中，有一名新社員後來真的走不動了。於是，其他人聯繫他的家人來把他帶回去。這名新社員回家後大睡一覺，兩天後尿量減少，並喊胸口疼痛。第三天出現無尿、嘔吐、咳血痰、呼吸困難等症狀，第五天送進院，但為時已晚，隔天清晨即血壓驟降死亡。醫生的診斷是：全身碰撞引起的外傷性二次休克。

相驗時，法醫發現死者臀部四周一大片範圍中有強度的皮下出血及腫脹，頭部沒有損傷——社團老鳥認為頭部有大腦，打頭很危險，而臀部全是肌肉，因此就以臀部為中心來施以拳打腳踢的「魔鬼訓練」，真是外行人才會有的想法！

只不過，皮下、肌肉的出血若是過於嚴重，會產生肌紅蛋白這種化學物質並堆積在腎臟中，於是尿液逐漸排不出去而形成尿毒症，後因腎功能衰竭致死。明明是在進行新社員訓練，理應是教育的一環，怎可打人？不論哪個部位，都不容許又踢又打的暴行。

因此，根據司法解剖的結果，法官以僭越訓練界限為由判處七名被告皆有罪。不過，考量到他們都是還有未來的年輕人，便要求他們深切反省，並與校方一同向被害人家屬致歉，尋求寬恕。家屬也強忍悲傷的情緒，原諒了被告，因此被告判處緩刑。

最近，也發生一起相似的事件。某校禁止學生用吹風機把頭髮吹捲，但有一名學生犯規，老師便對他體罰，導致學生不幸身亡……多叫人傷心啊！法官以這是無關教育懲戒的暴行為由，判處體罰的教師三年徒刑。教育聖堂居然變成傷害致死的現場，士可忍孰不可忍！學生屢勸不聽，老師因而忍不住動手，被打的學生自然會憤而反抗，最後老師抓狂而暴力相向。從爭吵升高到打架，師生關係已經蕩然無存了。

我聽我兒子說，他們國中音樂老師對學生的處罰是「愛的貼貼臉」。原來，這位老師

1 西元一九六五年。
2 徒步山野行軍社團。

蓄著一臉濃密的鬍子，執行處罰時，他會抱緊學生，用自己的臉去磨蹭學生的臉。那種感覺，就宛如被人用洗碗的鬃刷摩擦臉一般，學生會難受得不斷把頭往後仰，卻也會不由得笑出來，全班更是因此哄堂爆笑。這種師生關係多棒啊！

仔細觀察動物在接受訓練時，便會發現訓練方絕對不會生氣，反而是對被訓練方疼愛有加，當被訓練方學會了，就給牠美食當犒賞——**教導方與被教導方的信賴關係是用愛建立起來的。**

根據報章、電視的報導，我們的教育現場糟糕得超乎想像。我不是這方面的專家，也沒有對這方面的問題特別關注，不該輕率批評，但我認為，不能光把焦點放在教育現場，若不能從社會的最小單位——也就是家庭——重新改造成應有的模樣，類似的問題恐怕不會得到解決。

站在死者這一邊的醫學

考上醫師國家考試後，我在毫無臨床經驗的情況下進入法醫學教室做研究。我認為，即便將來再回去當臨床醫師，這兩、三年的研究生活也絕對不會白費。

整整四年，我都在做中毒、血清學的實驗，但這些事與我所期待的法醫學不同，總讓我有些不耐和焦躁，於是決定選擇站在事件現場進行相驗、解剖的實踐法醫學。剛好這時候，我了解到屍體解剖保存法第八條這個法條。

對政令規定之地區具有管轄權的都道府縣知事，為查明該區域內疑似因傳染病、中毒、意外死亡的屍體與死因不明的屍體之死因，可設置法醫，令其相驗。相驗後仍無法判明死因時，得令其解剖（以下省略）。

這就是監察醫制度的基礎。

東京就設有監察醫務院這個公家機關，負責處理異狀屍體（非自然死亡）的相驗、解剖工作。

通常來說，患者會向醫師訴說咳嗽、發燒等症狀以獲得治療，然而有時候，一個健健康康的人也會突然死去，周遭的人、家屬，乃至於死者本人，恐怕都不明白也無法接受這樣的死亡事實，一想起來就覺得疑點重重：是病死、意外死亡？是自殺、他殺？監察醫制度的存在就是為了解答這些疑慮，維護沉默猝死者的人權。自那時起，我便一頭栽進了法醫這條路。

有個案例是這樣的，某人去催促借方還款，在與借方交涉的過程中突然猝死。現場只有兩人在爭吵，豈不叫人懷疑？

相驗後，決定在監察醫務院進行行政解剖，結果是心肌梗塞。法醫推測是交涉過程中太過亢奮而引起心臟病發作。

此外，還有一起車禍是這樣的。某人正在開車，對同車的人說：「怪了，剎車突然不靈了。」然後便撞上電線桿；同車的人受了輕傷，但駕駛陷入昏迷，送醫不久便宣告死亡。只是，相驗結果並無致死的外傷，而且當時車子的速度也不是很快。

由於原因不明，法醫決定進行行政解剖，結果是左側大腦出血，因此右下肢的動作不靈活而無法踩剎車。駕駛以為是剎車失靈，才會對同車的人那樣說。大家都以為是剎車故障造成車禍，但真正的原因其實是腦出血，也就是疾病發作。

正因為有監察醫制度，才得以查明這類猝死或非自然死亡的原因，進而避免產生「後遺症」——要是沒有這個制度，恐怕就紛爭難免了。政府進行行政改革之時，僅在大都市施行的監察醫制度成為重新檢討的對象，一度面臨廢止的危機，所幸，最後它的重要性還是獲得認同而得以存續至今。

雖然醫學主要是為了生者而存在，但站在死者這邊的醫學也是不可或缺的。

墮胎

日本曾一度被稱為墮胎天堂。就在那時期，一對年輕夫婦來到一家婦產科醫院，要求進行人工墮胎手術。手術很簡單，丈夫就在走廊等著。

等了老半天，好不容易才等到醫師從手術室走出來。醫師邊擦汗邊對丈夫說：「手術順利完成了，但為了預防術後感染，我們注射了盤尼西林，結果你太太突然休克。我們盡力搶救了，但還是無能為力。」

盤尼西林休克問題在當時正鬧得沸沸揚揚，因此，丈夫能夠明白醫師的解釋，但卻怎麼也想不透向來身體健康的妻子會在轉眼間死去。

由於必須拿著醫師開立的死亡診斷書到區公所向戶籍人員辦理除籍手續，換取火葬許可證，否則家屬無法安喪死者。丈夫只好跑一趟區公所，提出診斷書。

然而，這份死亡診斷書上記錄的死因是盤尼西林導致休克，死亡種類為病死。戶籍人員發現這樣的記錄是不對的：盤尼西林是在手術後為了預防感染而注射的，是正確的治療行為，並非致人於死的注射藥，但卻因此引發休克這種異常反應，導致患者猝死——因此死亡種類不該是病死，而是意外死亡；換句話說，要當成一起命案來處理。

在這種狀況下，一般醫師所開立的診斷書不會被受理，醫師必須向警察提出異狀屍體通報（異常死亡通報），然後由法醫進行相驗，再取得屍體檢驗證明書（性質同死亡診斷書）才行。

這名丈夫第一次碰到這種事，根本聽不懂戶籍人員的解釋，但還是滿頭霧水地跑回醫院找原本那位醫師。一個有合法執照的正規醫師，所開立的死亡診斷書居然不被區公所受理，豈有此理？於是醫師打電話給戶籍人員，堅持要對方受理。當時，監察醫制度不過實施十年左右[1]，因此很多醫師還不知道有這項制度。

其實，這個事件裡面另有隱情。患者是在手術中因腹腔內出血而死的，然而，醫師無法老實跟在走廊等待的丈夫坦白說：「你太太是因為我的過失才死的。」為了隱匿自己的過失，醫師先在患者的前臂皮下注射盤尼西林做測試，然後在上臂靠肩部的地方，以肌肉注射的方式注射盤尼西林，偽裝成休克死亡的樣子。

可是，盤尼西林休克死亡是屬於異狀屍體，必須當成醫療事故處理，並且有通報警方

---

[1] 日本於一九四七年，在人口最多的七個城市，即東京二十三個區、大阪市、京都市、名古屋市、橫濱市、神戶市、福岡市，開始施行監察醫制度。後來，京都市及福岡市廢除此制度，因此目前僅五個城市實施中。

的義務。**醫師原是為了隱匿自己醫療疏失的事實而動手腳，結果卻演變成非得主動通報警方不可的局面。**

法醫在警官的會同下進行相驗。觀察注射部位，若是生前注射的，針孔會被紅褐色的血液填起來，但是死者的注射針痕只看得到淡黃色的皮下脂肪，並無生活反應；換句話說，是在人死後才注射的——死後注射盤尼西林不可能造成休克。此外，屍斑很少，呈貧血狀態，腹部有波動，應是腹腔內出血。

會同警官立即向檢察官報告事件的梗概。於是，在檢察官的指揮下，法醫進行了司法解剖，發現是子宮穿孔造成腹腔內出血，明顯是醫療過失。醫師的業務過失致死，以及動手腳竄改事實，都是犯罪行為！

醫師要做的事情，就是手術時全力以赴，如果手術結果發生不幸，就要追究是否做了適當的處置，怎麼能動手腳隱匿事實呢？醫師有醫師的倫理道德與自尊，這種不肖醫師的出現，把社會大眾對醫師的評價硬生生拉了下去。**這整件事，讓我感覺到一種心中極為珍視且好不容易建立起來的東西一下子崩壞了**，真是叫人太氣憤、太傷心了。

活下去

有一名喜劇演員剛回到舞臺旁邊，便立刻身體前傾倒下，昏迷不醒。雖然緊急送醫急救，但已然回天乏術。明明剛才還在舞臺上滿場蹦蹦跳跳，竟在下個瞬間就暴斃，認識他的人怎麼想也想不透。不過，這種事件在有監察醫制度的東京都內並不罕見。

運動中猝死、駕駛中猝死、入浴中猝死、會議中猝死、睡眠中猝死等等，實在不勝枚舉，每天都會發生十餘件。這類突然死亡的狀況會被視為異狀屍體而通報警察，然後由法醫進行相驗。

相驗的結果發現，這位演員的左臉頰有擦撞傷，應是往前倒下時撞到的。而且，從左臀部到左大腿背面還有大面積的舊皮下出血。根據警方的調查，這是一週前進行舞臺演出時，腳被絆到而屁股著地撞出來的。從那時起，他就拄拐杖跛著左腳演出。

此外，據說死者有點高血壓的毛病，但是一直沒有治療。相驗結果雖然判定為疾病突然發作而猝死，卻判斷不出具體的病名。

當然，最後就是在監察醫務院進行行政解剖。結果發現，右大腦有紅豆大小的出血，血塊呈凝縮狀，推測為一週前的出血。先前在舞臺上絆到腳而一屁股跌坐在地，就是因為腦出血造成左下肢麻痺的關係。

然而，他本人及周圍的人都單純地以為只是絆到腳跌倒，而且跛著左下肢走路是因為屁股著地時皮下出血的關係，因而沒去就醫，貼上貼布便拄著拐杖繼續舞臺表演的工作。

這位演員的死因是高血壓性心臟肥大。眾人對他帶病登臺演出的敬業精神盛讚不已：「真是個有風骨的舞臺人。」「身為演員，沒有比死在舞臺上更光榮的了。」

我並不是想潑冷水，但站在醫學觀點，我認為從他跌倒那一刻起，就應該立即停工靜養，並且住院治療。戰前，我們都被教導對於工作要有責任感，要有捨身取義的決心與意志，尤其是軍人，更要有為國家拋頭顱、灑熱血的誓死精神。如今，時代變了，思想也變了，據說現在的自衛隊都被教導該如何活下來完成使命。

時至今日，雖然大家還是會說「拚了命工作」這種氣魄十足的話，卻已不再是指為工作犧牲性命，而是在傳達一種竭盡所能的態度。

擔任法醫多年，我每天都在處理死亡，因此明白生命的可貴，我深深以為，世上沒有任何事情是必須付出生命去換得的。

凶手打來的電話

「請問是院長先生嗎？」

對方慎重地確認了兩次。

「是的，我是。請問妳哪位？」

我反問，對方卻沒回答這個問題。

那是一名中年女子的聲音。我以為是對我們機構不滿的投訴電話，但繼續聽下去後，嚇了我一跳，她說她兩週前勒死了丈夫，還表示是因為愛他才殺掉他的。

「你能懂我的，是吧？」

她用小女生的口吻為自己的殺人行為做辯解。

接著又說：「現在屍體乾掉了，變成咖啡色，有點臭味。我想帶回鄉下埋葬，如果有消除臭味的藥，你能不能告訴我？」

「我今年四十歲，我老公四十一歲。」她補充說。

真的假的？隔著電話，我不斷揣摩她的狀況。

「屍體乾掉了，變成咖啡色，有點臭味……」這些應該是身歷其境的人才說得出來的形容。我直覺這件事是真的，於是做好心理準備，努力讓她把話說清楚。

「我陪妳去自首好嗎？」我提出建議。

不過，她回說：「我有小孩，不能被警察抓去。」

我進一步說服道：「小孩交給我。東京有很多收容機構，妳不必擔心。」

她置之不理。

於是我表示自己要送除臭劑給她，請她告訴我地址或電話號碼，但她沒上當。

「傷腦筋，妳這樣我幫不上忙啊！」

聽我這麼一說，她說她會好好考慮，明天再打給我。我們再三約定好後，她便掛了電話，整個過程約十分鐘。隔天早上，刑警來我辦公室布陣，在電話機上裝設了逆探測器。只是，她沒打電話來。她的丈夫是個怎樣的人呢？一個纏綿病榻的人？一個喝茫就施暴的酒鬼？或者是遭遇事故突然不能工作且長期臥床的人？無論如何，我感覺到這是一個被逼上絕路的家庭悲劇。

在那之後過了一年兩個月的歲末，有人從一處廢棄工寮的二樓，發現一具已成白骨的五十七歲男性上吊屍體，旁邊還有一具部分乾燥、部分腐敗的四十七歲女性屍體。應該是女子切斷上吊的繩索，將遺體放在榻榻米上，再睡在屍體旁死掉的。

從屍體狀況來看，推定男子約十個月前、女子約兩個月前死亡。據說，男子一年前因腦中風倒下，從此臥病不起，並且有嚴重的語言障礙。妻子負責照料他，但是大約過了三個月後，她就不准別人進到屋裡，連兒子來看他們，也都不能上到二樓去。就這樣過了九個月，沒人來過這裡，直到工人前來拆除工寮，才發現這對夫婦的屍體。男子為上吊自殺，女子有糖尿病，解剖結果為心肌梗塞病死。

我想起打電話來的那名女子，於是與這起事件兩相比對，發現時間前後差了半年，狀況也不一樣。

唉，不願承認所愛之人已經死去，不，根本就認為對方還活著，或許正是這樣的精神作用，才讓這位女死者出現跟著屍體生活的行為吧！

還有一件令人無法理解的案例。

這是一名因腦出血而倒下住院的中年男子，他的妻子迷信宗教，硬是讓丈夫出院，並且斷絕一切治療，不讓別人到家裡來，然後在家裡進行驅魔祈禱儀式。結果事與願違，丈夫的病情更加惡化，約一週後死亡。之後，妻子將丈夫的遺體放進箱型車，開往京都、奈良，跑了好多間寺院，希望找到可讓丈夫安葬之處，但天不從人願，幾天後又回到東京。

駕駛人是丈夫的好友，妻子同車，沒想到回來後妻子即不知去向，這名友人相當困擾，於是向警方報案。

這種行為到底怎麼回事，我並不了解。不過，警方既然接到通報，這具屍體就得依法相驗，甚至進行行政解剖或司法解剖以釐清真相。

我曾在電視上看過一段影片，一隻母猴懷抱著死掉且全身乾掉的小猴，一如往常地生活著。

這些事讓我深刻體會到，僅用科學來解釋、看待死亡，對活著的人來說未必是合情合理的。

心臟麻痺

身為法醫，我相驗、解剖過各式各樣的異狀屍體，其中，我對溺斃這種現象特別感到有興趣，因為有許多不該溺水的游泳好手溺死了，也有許多案例是在腳踩得到底部的淺灘中溺死的。

一般來說，都是旱鴨子才會溺死，擅長游泳的人卻溺死了，實在很難解釋，於是便說死因是心臟麻痺。也不知為何，人們竟然都能夠接受這個理由。

其實，心臟麻痺只是一種方便的說法、一個搪塞之詞。當腦、心、肺這三個器官呈永久性麻痺狀態，就稱為死亡。肺炎死亡也好、癌症死亡也好、上吊死亡也好，死亡時都是腦、心、肺麻痺的，因此不能將這些器官的麻痺當成死因，造成麻痺的原因、疾病才是死因。溺死也一樣，在溺死之前應該有相當的誘因才對，例如癲癇發作（或是狹心症、腦中風、酩酊大醉等）然後才在水中溺死。此時心臟是麻痺的，但經歷這樣的過程而死的這件事，並不能稱為心臟麻痺，具體而正確的說法應該是「癲癇發作導致溺死」等。

人類的耳朵深處、頭蓋骨底部的地方，有一塊包圍著中耳與內耳的骨頭，名字叫做「錐體」。我在研究溺斃案件的過程中發現，人在溺死時，這塊骨頭裡面會出血，即錐體內出血——五至六成溺死者都有這種現象。

搭火車時，當火車疾速駛入隧道，我們的耳朵也會在一瞬間感覺怪怪的，這是因為外氣壓力讓耳朵深處的鼓膜向內側凹陷的關係。只要做出類似吞口水的吞嚥動作，就可消除這種怪異感了。這是因為：做這個動作能讓鼻子深處一個叫做「耳咽管」的細管打開，使空氣進入鼓膜內側的鼓室中，凹陷的鼓膜就能恢復原狀。

溺水時的道理也一樣。在水中或水面玩耍時，如果呼吸的時機不對，水從鼻子或嘴巴跑進去，就有可能造成耳咽管進水。又因為耳咽管非常窄，進水後極易形成水栓。

接著，溺水的人會在水中不斷做出喝水的吞嚥動作，耳咽管內的水栓便會宛如活塞般在耳咽管內來回移動，造成鼓室內的壓力驟變，與鼓室相連並形成腔洞的錐體內乳突蜂巢自然也會受到內壓驟變的影響。

結果，乳突蜂巢的被膜和微血管也因為受到正壓、負壓的反覆刺激而震動，以致破裂而造成錐體內出血。因為這個緣故，導致錐體內部的三半規管發生急性循環不全而功能低下、平衡失調——亦即出現暈眩現象。一旦暈眩，再厲害的水中蛟龍即便待在腳踩得到底部的淺灘，也會失去平衡感而溺死——以上便是我的看法。會游泳的人之所以溺死，絕非因為心臟麻痺。

不過，光這樣還不足以完全說明溺死的原因。不明白的事情還有很多，我想，只要我們持續研究下去，就能一點一點揭開溺死的真相了。

此外，因錐體內出血而溺死的現象非常罕見，如果抱著這種不安而不敢游泳，那就太愚蠢了。**如今回想起來，當初我要是接受心臟麻痺的說法，就不會有這項研究了。雖屬偶然，卻也是我的幸運。**

凱倫事件

醫學逐日發達，但也隨之出現許多意想不到的爭議，「腦死」這種狀態便是。大腦會向所有器官發出指令並加以控制，但大腦的神經細胞與其他細胞不同，並無再生能力，一旦遭到破壞便無法修復與補充。

當大腦功能呈現全面永久停止狀態，便離死亡不遠了，然而，只要裝上人工呼吸器，全力進行治療，離死亡僅僅一步的人也能繼續呼吸、心跳而存活下來。當然，這樣的人已經失去意識了，在此種昏睡狀態下可續命二至三週左右。

不過，腦死者是不可能再恢復健康的，只要停止維生裝置，當下便會死亡。

人工呼吸器取代大腦指令，機械性地將氧氣送進肺部，使之呼吸，亦即進入一種靠機器活命的狀態，但本質上與死亡無異，因此專科醫師稱之為「腦死」——身體是活的，但大腦已死。由於這種生存方式是利用機器讓死掉的人繼續活著，有人認為這不算是醫療。此外，腦死也與植物人不一樣。

植物人指的是：大腦周邊部分受到損傷而陷入無意識的昏睡狀態，但中心部分——即自主神經系統（自律神經）的中樞——並未受損，依然保持生存的最低限度功能；換句話說，等於陷入深沉的睡眠狀態。人在睡眠中，依然能夠心跳、呼吸，也能夠消化、吸收，與植物的生存方式相仿。

美國曾發生過一起「凱倫事件」。一九七五年，二十一歲的凱倫小姐在友人的慶生會上喝酒，並吃下安眠藥，陷入意識不清的狀態，此後超過半年時間，一直處於昏迷狀態中。雖然為她裝上人工呼吸器以維持生命，但主治醫師已經宣告她不可能恢復健康了。

凱倫的父母認為，與其用不自然的方式延後死期，不如拿掉維生裝置，一切交由神來決定，只是這個要求遭到醫師拒絕。父母於是告上法院請求判決，紐澤西州最高法院的判決是：「即便痛苦也要活下去。」

父母希望女兒安息的心情不是不能理解，但法院無法認可的理由是，死亡有其判定標準。醫學上，只要脈搏、呼吸、腦波都處於生存狀態，拿掉維生裝置便視同殺人行為，因此判定不可以這樣做。

不過，這個事件的一年之後，紐澤西州最高法院決定有條件地接受凱倫父親「選擇有尊嚴地死去的權利」的主張，判定只要醫師同意，即可停止使用凱倫賴以維生的人工呼吸器。於是沒多久，凱倫的維生裝置便被拿掉了，但她卻恢復了自主性呼吸，又繼續活了十年。換句話說，她從安眠藥中毒變成植物人狀態了。

凱倫事件正好能夠讓一般人更容易明白腦死與植物人的差別。**時至今日，不論醫學上或法律上，對於死亡都必須有更深入的判斷才行**，而究竟該如何看待腦死，日本也不得不好好思考了。

蒙娜麗莎

火災或大型災害總會造成多人罹難，而且屍體損害嚴重，個體識別相當困難。據說，一九八五年八月十二日日本航空班機墜毀於群馬縣山中，屍體的損壞程度相當嚴重，能靠長相識別出身分的僅佔一成左右，其餘皆以指紋、齒型、身體特徵、衣服等來判斷。

在法醫學上，我們還有另一種個體識別方法，叫做「容貌透疊法」（復顏法）。在找到頭蓋骨的情況下，將某個疑似頭蓋骨主人的生前臉部照片放大成與頭蓋骨照片一樣的大小，兩相重疊比對，以容貌是否一致來辨識身分。

我有一個朋友是法國香頌歌手。她在法國羅浮宮欣賞蒙娜麗莎畫作，感動之餘突然靈光乍現：「搞不好蒙娜麗莎的模特兒就是達文西本人。」

她仔細思考了這個模糊而不著邊際的概念——

不論從哪一個角度看這幅畫，都能與蒙娜麗莎的眼睛對上，這會不會是達文西照著鏡子中的自己而畫出心目中理想女性的模樣呢？

證據是蒙娜麗莎左眼內側的鼻根處有一顆紅豆大小的疣，而達文西的自畫像中，在與之相反的右眼內側鼻根處也長著一顆疣。

而且，蒙娜麗莎的右手拇指與食指的指根處有一個丘狀隆起，達文西是左撇子，拇指與食指之間正是拿筆作畫而常用到的部位，這裡長繭而隆起是很有可能的。

再者，蒙娜麗莎的乳房，以女性來說，感覺位置稍微偏下面了一點。

從這四點，推測是達文西照著鏡子，將自己的容貌畫成女性模樣的——太驚人了。我完全不懂繪畫，我的朋友是想問我，從科學的角度，這樣的推測成不成立。

這個突發奇想讓人不知如何回答。這的確是一種個體識別方法，只不過現在是拿來辨識畫中的肖像，並非法醫學上的檢查對象，但就當做是一種遊戲，試著應用一下「容顏透疊法」也挺有意思的吧！後來，有電視節目來找我，說要採訪這個主題。於是，我趕緊到圖書館影印了蒙娜麗莎和達文西那留著鬍鬚的自畫像。

由於兩張畫的大小不一，我計算好比例後，將兩張圖的臉調整至相同大小。然後將調整好的兩張圖重疊起來，透過燈光一照，嚇了我一跳！**畫像幾乎一模一樣，留著鬍子的蒙娜麗莎正在微笑。**

結果毫無違和感。不過，也就僅此而已——雖然相似，但並非絕對，不能說我這位朋友的推測就是正確的。但是，我對觀眾朋友說，正因為有這樣的相似度，表示今後還有很大的討論空間。

結果，節目最後在「原來蒙娜麗莎是男的！」這個誇張的結論中落幕了……

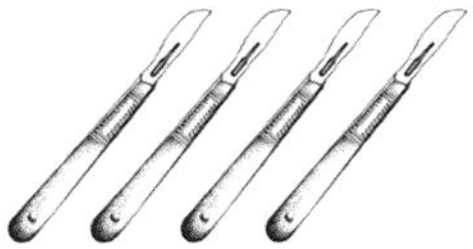

生命的餘暉

日本陸軍第八師團步兵第五聯隊（青森）計二百一十名將士，為了展開寒地訓練，於八甲田山進行雪中行軍。

這是明治三十五年[1]一月二十三日的事。狂風大雪遮蔽視線，而且沒有當地嚮導，指南針凍得失靈，大隊人馬在雪地裡迷失了方向。

在深及胸口的雪堆中行軍，每個將士早就都疲憊不堪了，再加上零下二十度的惡劣氣候，輕裝備全部受災，凍傷、糧食結凍、與睡魔纏鬥，隊伍的指揮因而亂無章法，那次行軍的將士幾乎都凍死，僅十一人倖存，相當悽慘。

雖然只在小說和電影中看過，但確實有人會在冰天雪地中脫掉衣服，全身赤條條地大喊大叫，然後在大雪中狂奔而死。這是凍到發瘋了嗎？

有一回，我在警察大學上課，對象是檢屍員。課程的最後一天，一名在東北地方服勤的檢屍員說：「我有次去一個凍死的現場相驗，死者竟然全身脫光光！這種情況是不是冷到神經麻痺瘋掉了？」在今天的日本北部地區，這樣的凍死案例可說是微乎其微，但就被他給碰到了。

我有多次為凍死屍體相驗及解剖的經驗，但從未見過脫光衣服死去的案例，教科書上也沒有這類記載，因此我無法做出明確的解答。

這是我當上醫師之後不久的事。住在札幌的姊姊因生產時出血過多，以致身體健康大傷，一年之後便過世了。

姊姊在過世前一天叫我過去，我一趕到醫院，她便跟我說：「你今晚在這裡陪我好嗎？」於是，我便和陪護的母親一起留在醫院。

當晚，姊姊一直喊好熱，好幾次踢掉棉被。病房裡雖有暖氣，但畢竟是札幌，不太可能熱到哪裡去——她身體明明冷冰冰的。隔天早上，她就過世了。

生理學書上說，我們的大腦有個體溫調節中樞，感覺熱就會散熱，感覺冷就會減少散熱，藉以調節體溫。這或許沒錯，但光這樣並不足以解釋我姊姊的奇特現象。我們感冒發

---

1 西元一九〇二年。

燒時，明明體溫上升，卻會覺得全身冷得發顫；與此相反的，退燒時明明體溫降低，卻會熱得出汗——這中間的體溫變化不過二、三度而已！當體溫降低，與氣溫的落差變小，身體就會覺得熱，反之，當體溫升高，與氣溫的落差大，就會覺得冷。

這麼一想，似乎就能說明赤裸凍死這個現象了。

因為寒冷的關係，身體所消耗的熱量超過生產量，於是變成低體溫，這種狀態持續下去就會凍死。而當體溫下降了二至三度，即便外面極度酷寒，但由於體溫與氣溫的落差很小，因此人在那個當下會覺得很熱，此時，人喊熱而把衣服脫掉或把棉被踢掉，似乎也就說得過去了。不過，這也表示離死期不遠了。

或許，一如燃燒殆盡前的蠟燭火焰般，生命也在此刻散發出最後的餘暉吧？

謊言

這是某年夏天發生的事。

一名丈夫下班回家後喝酒，不料沒多久，他便突然呻吟一聲倒下，失去了意識。妻子立刻呼叫救護車送醫，她跟醫師表明，丈夫平常血壓就高，都是在附近就診，這次肯定是腦出血，希望醫師趕緊幫忙治療。然而，不到一小時，她丈夫就死了。

由於死者是這位醫師的初診病患，又是突然死亡，不確定死因是否為他妻子所說的腦出血，加上診察時間過短，難以了解實情，於是便向警方通報異常死亡——這其實是相當正確的判斷。

在警官的會同下，法醫進行了相驗。看似生病暴斃，但是由於從遺體外表無法判別病名，變成要在監察醫務院進行行政解剖。原以為是病死，然而解剖後，卻意外在胃裡面檢出氰化氫。會同警官立刻從解剖室打電話回警署，重新展開調查。

三天後，他們家的傭人終於供出事件全貌。妻子為了殺害老是發酒瘋的丈夫，就在啤酒裡摻入氰化氫。目睹事件經過的傭人拿了封口費，於是向警方說了謊。如果當初醫師照妻子的說法而開立腦出血、病死的死亡證明書，恐怕這起命案就不見天日了。

另一件事發生在工作的時候，有個人踩上踩腳凳，想從架上把工具拿下來，結果一個沒踩穩，整個人向前撲倒，又因為摔得太猛，被擱在地上的鑿石刀刺進側腹。隨後緊急送醫，並動了開腹手術。結果發現小腸有小小的刺傷，腸內容物跑出來。雖然做了治療，但過程並不順利而引發了腹膜炎，第六天便不幸身亡了。

醫師診斷為意外事故引起之急性化膿性腹膜炎，並開立了死亡診斷書。由於事情發生於工作中，適用職災保險，因此向警方通報以確認事故的真實性。經過調查，判斷是一起事故無誤。

不過，本案其實並非單純的病死。

由於是鑿石刀刺進腹部造成腹膜炎，屬於外因死亡，若發生在有監察醫制度的地區，就得由法醫進行相驗了。換句話說，必須取得法醫開立的屍體檢驗證明書才行。因此，便預定隔天相驗。

意外的是，當天晚上，有人打匿名電話給警察——

「死者其實是打架時被刺到的。」

經過相驗、解剖，再配合警方的嚴密調查，終於查出是死者與同事吵架，最後被用水果刀刺死。沒想到，不僅是臨床醫師，就連警察都被騙了。

法醫學專家只要看到手術前腹部的刺傷，就能分辨出凶器是水果刀或鑿石刀了，但患者是由外科醫師動緊急手術的，醫師只會觀察傷口狀況，無暇分辨凶器究竟為何。話雖如此，凶器多半是從衣服上面刺下去的，即便動手術時看不出來，只要觀察衣服被刺破的狀態，還是有可能判斷出凶器的。

有些醫院認為沾滿血跡的衣服不衛生，便會予以燒毀。但是，那件衣服上很可能有凶手的濺血，再怎麼骯髒、不衛生，都是犯罪搜查上極其重要的物證，醫院不應該任意處理掉，應該裝入塑膠袋再交給警方才對。

這起案例發生在盛夏，死者的上半身赤裸。當初要是沒通報警方，搞不好真相便永遠成謎了。

謊言是竄改事實而來的，肯定會有不合情理之處，即便偽裝得再巧妙，也會被看不下去的人密告警方而事跡敗露的。

了不起的建言

醫師在為病人診察時，有時會無意間流露出某些態度或說出某些話，患者接收到這些訊息後，可能會開始自我暗示，進而誘發疾病。

一九三〇年代，一個名叫亞瑟．赫茲（Arther Hurst）的人稱這種疾病為「醫源病」（iatrogenic disease），據此指摘醫師的不是。

舉例來說，一個正為私人問題而苦惱的醫師，在用聽診器為病人聽診時，無意間做出苦惱的表情，而且一句話都不說，陷入思索般地結束診察，然後開藥。患者因而誤以為自己的病情嚴重到讓醫師傷透腦筋；這麼一誤會後，原本輕微的病症便惡化了。這種病是醫師惹出來的，因此稱為「醫源病」。

醫師的天職是治病救命，卻反倒製造出病人來，這種粗心大意，對患者而言是難以原諒的過失，對醫師而言則是值得深切反省的材料。

不過，今日醫療已有長足的進步，這個概念也做了調整，例如鏈黴素對治療結核病極為有效，但長期使用卻會造成聽力障礙；又如沙利竇邁對孕吐很有用，但有產下畸形兒的危險……諸如此類，現在醫源病指的是醫學上的文明病。

的確，我們的醫病關係不對等，醫師對患者的態度往往過於傲慢。我們必須虛心接受赫茲的建言，深切反省才對。

我認識一位國中校長，我非常尊敬他。他一退休後，立刻動手做起之前都是由太太一手包辦的家事。他太太並沒有生病，然而他不但會動手煮飯、洗衣、打掃、倒垃圾，甚至還會提著菜籃上超市買菜。

他太太是個很傳統的人，對此很不習慣，甚至覺得讓老公做家事很丟臉而大表抗議。不過，校長並不是太閒才搶做家事，他有自己的一套家事哲學。他根本不認為男人做家事有失面子，他做得相當自然，並且認為人類生活的原點就在家事中，職業就是從家事發展出來的，做好家事就是在好好過生活。

很多報紙、雜誌、電視都來採訪這位校長，他還發表演說，向大眾宣揚自己身為家庭主夫的人生哲學。他演講時謙謙君子的模樣，更襯托出為人師表的高尚品格，因而深獲主婦歡迎，贏得了日本職業婦女團體聯盟頒發的「一九八五年最佳好男人」獎。

校長表示，希望將來不僅男人能多做家事，女人也能在各種領域裡發光發熱。多棒的建議啊！

這是夫妻共同生活中，應該好好思考與反省的事。

不論什麼事，只要能回歸原點去深切反省，就一定能創造出更美好的未來。

責任

這件事，我小時候聽家父說過幾次。

一名母親在準備晚飯時，拜託孩子去買砂糖回來，她的孩子只有七、八歲大。當時才剛改元為明治不久，又是在偏僻的鄉下，砂糖是極為珍貴的食品。他們家距離鄰村的店家往返約一里（四公里）[1]，但一直到太陽下山了，少年都還沒回到家。

這下不得了了，全家人分頭在村中四處尋找，依然不見人影。正不知所措時，少年突然回家了，此時時間已是晚上十點多了。

母親罵孩子說：「跑去哪玩到這麼晚才回來？」

少年回答說：「妳叫我去買砂糖，我就去買回來啊！」然後，他交出了斜揹在身上的包袱。

---

[1] 此為日本的一里，是三・九二七公里，明治維新後至今皆不變。

原來，少年到鄰村那家店去，不料砂糖已經賣光了，於是少年問店家去哪邊才買得到，店家告訴他要到鎮上的某家店去，少年就真的跑去了。

這一趟，往返一共二十四公里。少年就這樣走在漆黑的鄉間小路，長途跋涉地完成母親交代的任務。

「天啊！這孩子！」母親好吃驚，再也沒第二句話了。

大人在吃驚之餘，應該能看出少年的氣魄，或者說人生態度，而這位母親肯定也感覺到自己的孩子不是一般人；少年長大後成為一位法官。在當年那個時代，只要肯讀書，農民之子也能出頭天。

這則老祖宗的故事，在我們家就這麼由父母告訴孩子，一代一代傳了下來。

昭和三十七年[2]五月三日，發生了常磐線三河島車站附近列車二連撞的事故，造成一百六十人喪命的慘劇。國鐵內部互相推諉責任，有人說是信號燈人員的疏失，有人說是駕駛沒看信號，連日報導鬧得沸沸揚揚。

就在鬧得不可開交時，一名住在事故現場附近的年輕母親，竟然說事故的責任在她，勒死兩名幼兒後，自己也自殺了。報紙也報導了這起事件，警方前往調查後，發現這名母親與撞車事故根本毫不相干，她是一個罹患精神分裂症的家庭主婦。大家都說精神分裂症對時代的不安相當敏感，果然沒錯啊。

這是一名精神障礙者對這起事故的異常反應，而國鐵那些該負責任的人，看到這則報導後又是做何感想呢？

最近，一位國中校長告訴了我一件事。

因為在走廊上看到垃圾，他要站在那裡的學生把垃圾撿起來丟入垃圾筒。「你在叫我嗎？」豈料學生一臉詫異，然後不客氣地說，「請你叫丟的人去撿。」

校長訓斥了這名學生，儘管不知垃圾是誰丟的，但身為學校的學生，撿起學校的垃圾是應該的。學生竟然撂下一句：「干我屁事！」便掉頭走人。

唉，時代是變了，但是人人該負的責任是不應該改變的呀！

---

2 西元一九六二年。

夢中殺人

在第二次世界大戰後的混亂時期，日本有一種名為「菲洛本」（即安非他命）的興奮劑在市面流通。這種藥劑會令人上癮，一旦慢性中毒，便會出現幻視、幻聽、被害妄想等症狀，因而造成多起犯罪事件。

工人A就中了這種毒，而且情況嚴重。有一天，他趁妻子睡著時將之勒斃，然後放火想燒掉自己的房子，所幸被人及時發現，妻子死了，但縱火未遂。

經過精神鑑定，這名工人被診斷為重度安非他命中毒所引起的被害妄想症，法律上判定為心神喪失，最終因無責任能力而不予處分。

只要被判定為心神耗弱，即可獲得減刑（刑法第三十九條）。隨後過了十年，A戒掉安非他命，並且再婚，在一家公司工作。有一天，他騎著摩托車，在工作中與計程車相撞，造成小腿骨折而右腿彎曲。A打算領取傷害補償金並停止治療，但妻子強力反對，認為一次領完補償金後，如果遭公司開除，就再也找不到願意錄用跛腳者的工作了。

因為生活窮困，A非常想要那筆一次付清的補償金，朝朝暮暮下來又陷入精神不穩定的狀態。那天晚上，A躺在床上輾轉反側，突然三名大漢衝進來，企圖將A勒斃。A覺得自己就要窒息了，於是拚命反抗，終於逮住機會反勒住對方的脖子。此時，他忽然聽見「啊！」一聲慘叫。

A聞聲驚醒，原來是做夢。

過了一會兒，當腦袋終於完全清醒的下一刻，便看到睡在身旁的妻子鼻孔流血，已經氣絕身亡了，他這才發現是自己動手殺了她。

「原來，這不是一場夢！」A立即向警方自首，然後被以殺人罪起訴。

精神鑑定結果是極度神經質與輕度安非他命中毒的後遺症，但沒有分裂症那類的精神障礙；由於他對夢境記得很清楚，因此判斷他是有意識的，但意識並非清楚到足以識別周遭狀況；此外，他太害怕被殺，是在自我防衛下驚慌動手的，因此連睡在旁邊的人是自己的妻子都無法分辨。

無精神障礙，而且有意識，檢察官認為A當時的狀況只相當於精神耗弱，於是求處了四年徒刑。

不過，法官的判決則是無罪，理由是A在勒死妻子時雖有意識，但該意識並未清楚到足以判斷周遭狀況及自身行為的善惡；他不知道自己正在殺人，也未對妻子抱持殺意，因此問題不在於A有無刑事責任能力，而是他並未具有構成殺人罪所必要的殺意，因此罪名不成立；此外，由於他的意識尚未完全清醒，因此也不構成過失致死罪之類的過失——換句話說，A殺的人不是他的妻子，而是夢中出現的大漢。

所謂的審判，並非單就一個人的錯誤行為予以懲罰，而是綜合考量行為背後的思想、觀念，乃至精神構造等進行整體評估。從這起案例，**我們除了知道審判的困難，也感受到當中人道的一面。**

酒為百藥之長？

二戰後沒多久，日本的死因之首為肺結核。不過，隨著新藥的開發、醫學的進步，以及環境衛生的確立等，因肺結核、肺炎、腸炎等感染症致死的案例已逐年減少，終於從死因排行榜的前十名除名了。

取而代之，今日死因的前三名分別為癌症、心臟病、腦中風。這些都是所謂的成人病，其中高居榜首的癌症，以目前的醫療水準雖然無法治癒，但眾人看好在不久的將來即能找到解方。

另一方面，心臟病和腦中風的主因是動脈硬化，這就跟壽命即將結束的枯木一樣，是無法根治的，只能加以預防、延緩而已。動脈硬化這種症狀，隨著年齡增長，或多或少都會悄悄挨近我們。

不過，由於有個人差別、性別差別（女性比男性少）、生活環境、體質等種種因素，不能一概而論。整體來說，到了中年就會肥胖，血中膽固醇值會增高，血壓也會變高。正值壯年期的男性尤其要注意，很容易因為吃太飽、運動量不足、壓力過大而誘發心臟病發作及腦中風。

動脈硬化表示血管壁累積了很多膽固醇，使得血管變脆，內腔也會變窄而使得血液循環不佳。為了促進血液循環，心臟必須比平常還要賣力工作，於是心臟便慢慢肥大，血壓也變高，容易引起腦中風和心臟病發作。要長壽健康，就非得阻止動脈硬化不可。

正在發育的孩子必須大量攝取有營養的膽固醇，但他們不會動脈硬化，因為膽固醇會變成發育的能量而被消耗掉。至於不再發育的成人如果大啖美食而不運動，動脈壁就會累積膽固醇，因此最好藉由運動來活動身體，消耗膽固醇。

二十年前，我在學會發表了一篇論文，主要在闡述飲酒也可以預防動脈硬化。我研究心臟的營養血管——即冠狀動脈，發現不喝酒的人在上了年紀之後，不但有心臟肥大的跡象，冠狀動脈也有硬化現象，以致心肌無法充分攝取養分，容易有狹心症、心肌梗塞之類的危險。相對的，愛喝酒的人（喝酒成癮而經常大量飲酒的人），他們很少有冠狀動脈硬化現象，心臟也多半比較小，因此一般人就以為心肌是能充分攝取到養分的；然而，一旦用顯微鏡仔細觀察，便會發現他們的血管壁積水，血液中的營養與氧氣並不能夠充分供給到心肌，因此就跟動脈硬化一樣，心肌已經變性萎縮了。

不喝酒容易引起心肌梗塞，喝酒喝到上癮的地步，血管壁也會積水而跟動脈硬化沒兩樣，令心肌受損。

正所謂過猶不及啊！

何不取中庸之道，每晚小酌一、兩杯，有益心臟及血管系統？總之，請調整出適合自己的生活環境與步調，比方說，勿飲食過量，並且從事符合年齡的運動、適量飲酒等，都是預防動脈硬化最重要的事。

酒精依存症

喝酒這檔事，有人千杯不醉，有人淺嘗輒止。能喝與不能喝的差別，並不在於喝酒經驗的多寡，而是先天因素決定的，這點最近已經證實了。

人體細胞中有一種物質叫做「乙醛去氫酶」。有些人的體內這種酵素很活潑，有些人則不然，由天生遺傳所決定。此酵素活性強的人，喝酒後，酒精會被肝臟分解成乙醛，再分解成醋酸與水，因此不會醉。另一方面，此酵素活性弱的人因為乙醛分解不完全，乙醛會跑到血液中，於是出現酒醉現象。

前者因為喝酒不太會醉，喝得出酒的美味，因此有成為酒精依存症的傾向——即有酒癮、易酗酒。而後者即便一再喝酒，也無法鍛鍊成海量。

沒什麼飲酒經驗的年輕人，在飲酒會上不斷被前輩勸酒，加上酒又好喝，於是短時間內猛灌酒，之後乙醛未被分解而大量流入血液中，就有造成急性酒精中毒症而引發心臟衰竭猝死的危險。

每天大量飲酒（七百二十毫升以上），久而久之，肝臟會從脂肪肝變成肝纖維症，不久就會惡化成無法醫治的脂肪性肝硬化，最後發生食道動脈瘤破裂而吐血猝死。

許多男性朋友得了酒精依存症後，整天爛醉如泥、棄工作於不顧，於是收入減少，加上遭到上司冷落、家人抵制等因素，會有一段時間自我反省而減少喝酒，因此，通常是拖了十年才會得到肝硬化。

但也有不少人肝硬化了還繼續喝，喝到家庭破碎。

之前，就曾發生過丈夫老愛發酒瘋、妻子終於受不了而將人勒死的慘劇。即便沒這麼悽慘，也常有妻子因丈夫酗酒不改而帶著小孩離家出走。丈夫一個人獨居，喝起酒來就更肆無忌憚了，於是喝到吐血、猝死，甚至還有人喝到走上自殺的絕路。

家庭主婦酗酒比較無人可勸阻，縱然丈夫力勸，許多主婦依然故我，這是因為她們開始喝酒的動機多半是：丈夫外遇而喝悶酒澆愁。即便沒錢，主婦也能賒帳買酒，因此變成肝硬化的速度往往很快，只需要五年。有些丈夫就會在這時候拋棄妻子，開始與其他女人同居。總之，結果都一樣——都是孤獨而死。

酒精依存症的下場都很悲哀。仔細想想，人體就是個細胞集合體，是細胞在不斷索求酒精的。若不能好好控制身體細胞、好好與之共存，便無法保持健康。至於會不會罹患上酒精依存症，就看我們能不能控制得宜了。

人有必要以意志力一定程度地克制細胞的要求，禁酒、禁菸來調整身體狀況。

這種依存症與個人嗜好有關，有時連衛生行政當局也管不動。我經常在相驗時碰到這種案例，總會不耐煩又氣憤：「難道就沒輒了嗎？」原本只在都會地區的勞動者身上才看得到的酒精依存症，如今已蔓延至全國的一般家庭當中了。

如果將酒精依存症視為個人問題，那麼問題永遠不會解決。我認為政府應該伸出溫暖的援手，同時全家人也應該一起面對，共同努力打造出開朗的家庭、友善的社會，才能真正解決這類問題。

「健康」猝死者的警告

最近，有幾位一流企業的經營者及名人接連猝死，中高齡者猝死一事頓時成為人們關注的焦點。有些人明明看起來很健康，日常生活也都很正常，卻突然猝死了。

邁入中老年之後，許多人會為了減肥、增強體力，而從事慢跑等較為激烈的運動。而且，由於平時並不覺得有異，根本不會想到這個立意佳的運動竟會成為引信，讓人發病猝死。其實，這些人幾乎都是心臟病患者。

為這種案例進行相驗、解剖時，多半會發現心臟的營養血管——冠狀動脈——多少有些硬化，並且有輕度心臟肥大的現象。本人通常沒察覺到異常，但這個莫大的隱患就潛藏在身體中。由於並未帶來生活上的困擾，無自覺症狀，他們也就覺得自己很健康。

不過，仔細想想，難道都沒有輕微的心悸、心律不整嗎？沒有胃痛或胸口疼痛，沒有想吐、背部疼痛、肩膀僵硬、左上肢疼痛嗎？**真的連一個症狀都沒有感受到嗎？**

此外，你有沒有過這種經驗，明明平時不會去注意到心臟的，但突然感覺到左胸口的心臟怪怪的？只是由於都是一下子便沒事了，所以大多數人都沒放在心上。然而，這其實就是心臟異常的初期徵兆。這時應該請專科醫師進行精密的檢查，不但要治療，也要改善生活環境。

此外，其他諸如身心上的壓力、睡眠不足、吃太飽、肥胖等，都是會對心臟造成不良影響的因素。從前，大家都說警察和牙醫師很短命。警察是因為工作性質而過勞、失眠，加上精神緊張的程度高；牙醫師則是一整天站立工作，對心臟的負擔大，因此有短命職業之稱。不過，現在這些情形皆已改善，洗刷汙名了。

不知道是真是假，據說現在最長壽的是受刑人，因為他們過著規律的生活、吃低熱量食物、沒有操心的事。

若真是這樣，長壽的祕訣也就揭曉了。步入中老年以後，對於激烈的運動應該三思而後行。首先，有必要請專科醫師診察（由運動保健醫師進行身體檢查），然後接受包含飲食在內的生活指導等綜合性建議，再慢慢從事符合自己身體狀況的運動，這是健康管理上極為重要的事。

法醫不是臨床醫師。但是，我們有許多解剖經驗，從中獲得了寶貴的知識。**我們將這些知識當成死者提出的警告，轉達給活著的人，避免重蹈覆轍，這也是我們的使命。**

地藏揹法

東京都二十三區內的年死亡數約四萬七千人，其中有百分之十五多一點為非自然死亡（約七千二百人），這些人便是法醫相驗的對象。他們都是在未就醫的狀態下生病暴斃，或者自殺、他殺、意外事故死亡等。其中，能藉由相驗得知死因的案例佔七成，其餘三成得透過行政解剖來究明死因。

在相驗時，由於警察已經事先查訪過家人、鄰居、朋友等，對死者生前及死亡前後的狀況已有一定程度的掌握，因此對死因多少心裡有數了。不過，有時會有原本以為是心肌梗塞，解剖時卻發現是腦出血的狀況。此外，原以為是腦出血，解剖時卻從胃袋中檢出氰化鉀，於是警方大動作重新調查，以究明是自殺或他殺，這種鬧得人仰馬翻的案例偶爾也會碰到。這些情況，**再再讓我深深感覺到這份工作的困難度與重要性。**

有人在荒川發現一具年輕女性的漂流屍體。相驗時發現死者口吐泡沫，像是溺死；此外，頸部有上吊的繩索痕跡（索溝），臉上有瘀血，也有出血點，又像是縊死（上吊）。

自殺？他殺？由於事關重大，在檢察官的指揮下，決定於監察醫務院進行司法解剖。當時，是由年輕的法醫學者渡邊富雄法醫（現昭和大學醫學部教授1）執刀，結果判斷是上吊後呈昏厥狀態再溺死。

如果是自殺，那麼就是在荒川一帶的橋上上吊，然後繩索斷掉，於是人在昏厥狀態中墜入水中後溺死，再隨著水流漂了出去。不過，一般人若要自殺應該會想避人耳目，選擇在橋上上吊實在是有點怪。

如果是他殺，那麼就是死者因脖子被勒住而陷入昏厥，再被丟進河川裡溺斃的。這種情況下，索溝會像打領帶般水平的在頸部繞了一圈。然而，這個案子的索溝是從前頸部通過下顎下方，然後從耳朵後面延伸到後腦勺上方，這是上吊特有的索溝。所以，勒死的索溝，與此案屍體的相驗結果不符。

若要說是否有其他行凶手段，有可能凶手是用繩索繞過被害者的脖子，繞到後腦勺，再將繩索搭在肩上揹起來——亦即：女子和一名個子較高的男子背對背，然後呈現上吊狀態，待昏厥後再被拋至水中，這樣就能與相驗結果相符了。由於從前就是這樣搬運地藏菩薩石像的，因此這種揹法又被稱為「地藏揹法」。這種揹法能夠在頸部形成上吊的索溝，而上吊通常是自殺的手段，因此會讓人以為是自殺，實則為他殺。

這是極為巧妙的殺人方式。知道這件事的人，肯定是精通法醫學且高個子的大男人。如果是不懂法醫學的人，那麼一隻手殘障的人也可能會用這種方式來勒死對方。

兩天後，女子的身分查出來了，是住在東京近郊的十五歲少女。搜查的焦點逐漸集中後，凶手坐立難安地前來自首了——是一個獨臂彪形大漢。

男子是某社福辦公室的主任，在處理這名國中畢業少女的工作問題期間，與對方有了不當的關係。男子擔心事情洩露出去會飯碗不保，計畫讓少女搬到人生地不熟的東京去。他把少女約到荒川的河堤邊，然後告訴她，已經幫她找到待遇更好的工作了，勸說並建議她搬家、換工作。

少女對男子的企圖渾然不知，認為與其到陌生的環境工作，不如待在土生土長的地方比較好，便拒絕了男子的提議。

男子想必是下了不得已的決心吧。就在此時，天空下起了小雨。他跟少女說，萬一淋濕感冒就不好了，於是拿出偷偷帶來的手巾披在少女肩上，然後看準時機將手巾的兩端一把抓住，以地藏揹法將少女揹在背上，跑下河堤，再將昏厥的少女丟進荒川裡。

相驗結果一一說中凶手犯案狀況的案例，其實並不多見，這起事件真是淋漓盡致發揮法醫學本領的難得寫照！

---

1 渡邊富雄教授於一九九三年自昭和大學醫學部退休，已故。

截然不同的結論

在二戰後的混亂期間，國家鐵路局的下山總裁被人發現遭到輾死，陳屍於常磐線北千住與綾瀨之間[1]。相驗屍體之後，決定進行司法解剖。警方的鑑定結果是死後輾斷，換句話說，他們認定這是一起殺人事件。從當時的社會情勢、死者死亡前的行蹤等來看，是凶殺案的可能性的確極大。

不過，也有專家認為換個角度來看就未必是凶殺案了，因此究竟是自殺或他殺，整個社會議論紛紛。一起事件、一個現象，看法與解釋不同，便會得出截然不同的結論——發生於大正末期的小笛事件也是這樣。

一名大學畢業、剛剛踏入社會工作，然後準備結婚的男子，向與他關係匪淺的小笛（四十五歲）提出分手。翌日早晨，小笛被人發現上吊自殺，還留下遺書表示要和男友殉情，上面有兩人的手印。不過，現場未見男子蹤影，再加上小笛的解剖結果，偽裝殺人的可能性極大。

小笛的手腳有一塊塊擦傷、撞傷，前頸部上方和下方各有一條橫向平行的索溝，此外，現場有個圓火盆翻倒了，滿地都是灰，拉門破了，倒出拉門的門軌之外。不知為何，連切菜的砧板都亂丟在地上。

警方所下的結論是：小笛和那名男子爭執打架時，先遭到勒斃，之後再被人吊在門楣上，偽裝成上吊自殺的樣子。負責鑑定的法醫學者解釋，證據就是前頸部下方那一條索溝有強烈的生活反應，是被勒死時所留下的，而上方的索溝是死後被布置成上吊狀態時留下的，生活反應很弱。

為了確定這項鑑定結果是否正確，檢方又請了三間大學的教授進行鑑定。結果有兩間大學認同是偽裝殺人，一間大學認為是自殺，並提出意料不到的鑑定結果。

這項鑑定認為小笛是將砧板放在火盆上，然後踩上去，利用門楣上吊，但因為無法呈完全懸空狀態，腳還是能碰觸到一點點地面（非典型縊死），於是頸部受到壓迫而無法呼吸，導致痙攣發作，手腳亂揮亂踢，結果拉門被打破了，還被撞出門軌之外，火盆和砧板也被踢倒，散落一地的灰——小笛手腳上的外傷就是這麼來的。此外，頸部的索溝是用繩索綁住頸部下方再上吊，但因為死前痙攣的關係，繩索往上跑了，因此上方索溝的生活反應才會比下方還要弱。

---

1 一九四九年七月五日，日本國有鐵道首任總裁失蹤，翌日被發現陳屍於常磐線軌道上。

從小笛的屍體來看，如果將非典型上吊自殺時的痙攣發作考慮進去，那麼根本不必懷疑是偽裝殺人，這個結論就足以說明一切了。

自殺？他殺？兩種截然不同的結論，令世人議論紛紛。

審判長決定再另請兩間大學來判斷究竟哪項鑑定才正確。結果，兩間大學都支持自殺的說法。因此，最終鑑定結果是自殺的意見三票，他殺的意見也是三票。審判長最後採用自殺說，終結了小笛事件。

失戀的小笛故意裝成被男友殺害的樣子，其實是自殺，這是一場設計好的騙局。**想到鑑定結果將大大左右一個人的命運，對於日常的研究工作，實在不得輕忽馬虎啊！**

死者也有選擇醫師的權利

一個歷經大風大浪、艱苦熬過一生的人，或許不會罣礙死後的事情，周遭人想的也是如何為其安葬而已。不過，身為法醫，站在替死者相驗、解剖的立場，我仍要說明一下死後的事情。

在日本，首先，死亡會分成病死（自然死亡，由主治醫師開立死亡診斷書）與犯罪死（在檢察官的指揮下進行司法解剖）兩種。

不過，還是有一些死亡介於兩者之間，例如猝死、自殺、意外事故死亡，或者是不確定是病死或犯罪死而死因可疑的死亡。這類屍體會被視為異狀屍體（非自然死或異常死亡）而通報警方，然後，在警官的會同下（警方的鑑識工作包含對屍體等各種狀況的勘驗、調查，判斷的基準為法律），由醫師進行相驗（檢查屍體以查明死因，判斷的基準為醫學）。為了將異狀屍體的處理方式予以制度化，便建立起監察醫制度。

基於屍體解剖保存法第八條，東京、橫濱、名古屋、大阪、神戶等五大都市皆已實施監察醫制度。如果單靠相驗無法得知死因，便會進行行政解剖以究明是病死、犯罪死，或者是自殺、意外死亡等。聽到要解剖，或許有人會覺得殘忍，但這其實是為了維護死者的人權。

在這個過程中，有時會發現到不為人知的殺人事件。不僅如此，眾所周知的，二戰後日本出現所謂的「驟死症」，就是拜監察醫制度之賜才解開了此病之謎，相關研究因此有了不錯的成果。

除此之外，透過這項制度，我們終於知道游泳好手之所以溺死並不是因為心臟麻痺，而是其他原因；開車中猝死、運動中猝死等的謎題也已真相大白，政府亦對此擬出適當的預防對策。

再看老人自殺的例子，過去以為，比起跟家人同住的老人，獨居老人的自殺率較高，也以為動機多為病痛之苦。然而，經過相驗、解剖的進一步釐清，才知道主要原因其實是家人的疏離。據此，國家的社福政策也做出了相應的修正。

還有，生命保險的問題，以及交通事故、職災事故等的補償問題，常常會引起一些糾紛，而監察醫制度能為此提出正確的判斷，並做成正式記錄，日後若因為這些糾紛而打上官司，便能提出法醫的意見書供法官審酌，法醫也會出庭作證。

諸如此類，監察醫制度並不是單單為異常死亡者相驗、解剖而已，它所獲得的資料及成果，一定會回饋給活著的人，對預防醫學及衛生行政做出貢獻。

然而，日本絕大部分地區都沒有監察醫制度，佔全部死亡百分之十五的異狀屍體，目前都是由臨床醫師來判定死因。政府當局大概認為，反正人都死了，沒有治療之必要，因此只要是由醫師進行驗屍，哪一科都行?!

然而，這是不對的！我們感冒會找內科，受傷會找外科，這是為了身體健康所做的正確選擇。同樣地，為異狀屍體相驗，如果不是交由經驗豐富、能夠與死者對話的法醫或法醫學者來進行，那要如何維護沉默死者的人權？死者也有選擇醫師的權利才對！

因此，各地方縣市單位都應該建立監察醫制度並善加利用。一如東海大學、琉球大學，還有茨城縣的筑波大學，他們都已建立出一套類似監察醫制度的系統來進行相驗與解剖了，各縣市不妨加以參考，與在地的大學醫學院密切合作，總之，必須將此制度推廣至全國各地。

千萬不能灰心，而認為「不管建立什麼制度都挽回不了逝去的生命」。畢竟還是有一種醫師，他們選擇站在死者這邊，以維護死者的人權為職志。

後記

在醫師的世界裡，絕大多數人都是通過國家考試後，成為手持聽診器為患者看診的臨床醫師。

專攻法醫學的人少之又少，一所大學裡，十年中能出一位法醫就算不錯了。最近大學林立，醫師的人數愈來愈多，但法醫學這塊領域依然人煙稀少。

我之所以悖離常道、懷著迷惘與不安的心情選擇法醫學，是因為在鄉間開業執醫的父親對此鼓勵有加，此外我自己也認為，先讀個三、四年，寫完博士論文後再轉當臨床醫師也不遲。可是，在跨進這道門以後，我的興致愈來愈高昂，終於著了迷而一心一意走上了這條路，尤其成為法醫後所學習到的經驗，更是讓我覺得彌足珍貴。

我處理過的事件有淺沼委員長殺傷事件、三河島列車二連撞事件、全日空六十號班機墜落羽田外海空難、新日本飯店火災事件、日本航空三五〇號班機墜落羽田外海空難等，感覺自己彷彿一路伴隨著日本事件史同步走了過來。

在學術上，我針對溺死進行研究，發表「錐體內出血」這種創見；我針對老人自殺的調查研究也影響了行政當局，他們已重新思考國家福利政策並做出改善。身為法醫而能參與衛生行政工作，令我感到無比的驕傲與欣喜。

除此之外，我還經手了相當多的事件，不斷與死者對話，一直到今天。

有位報社記者來採訪我，他說：「醫生，像您這樣守護死者人權的人太少了。肯定有很多死者相當感激您。我想，等您到西方世界去，那些受您幫助的人，都會成群結隊捧著鮮花來迎接您的。」

我從沒想過自己死後的事，一時有點錯愕，但搞不好真的會那樣呢！

我們相視大笑。

昭和六十年❶春天，時事通信社《厚生福祉》雜誌的松田鈴夫總編輯來找我，據說是厚生省的橫尾和子醫事課長（現大臣官房政策課長❷）介紹他來的。我當過厚生省的醫道審議會委員（屍體解剖資格審查部會），監察醫務院雖然隸屬東京都，但也是厚生省的管轄範圍，因此我也獲得了醫事課不少的照顧。

總編輯希望我能夠為一週發行兩次的《厚生福祉》撰稿。不過，我以我的工作與社會

❶西元一九八五年。
❷橫尾和子擔任大臣官房政策課長期間為一九八八年元月七日到一九九〇年元月底。大臣官房為厚生省的部門之一。

福利關係不大而婉拒了。不料他很客氣，要我不必拘泥主題，只要以法醫的觀點寫些隨筆即可。於是，我將偶有所感的心得寫下來，一直寫到了今天。

這次，換成時事通訊社出版部的藤田昌司先生來找我，希望我能將這些文章集結成書。雖說這樣的內容一般人未必有興趣，但如果我能透過法醫這個職業，多少表達出我的人生觀，當成自己從事法醫學三十四年來的心得總結，應該會很有意義才對，於是我便答應了。如今，本書出版了，請容我在此向盡心盡力的松田鈴夫總編輯與出版部的藤田昌司先生表達誠摯的謝意。

一九八九年八月一日，上野正彥

文庫本後記

《屍體在說話》付梓是在平成元年（一九八九年）九月。沒想到一炮而紅，而且成為長銷書，十二年後，今年（二〇〇一年）終於要出文庫本了。

回想起來，這件事要從昭和六十年（一九八五年）春天談起。

當時，我擔任監察醫務院的院長，時事通信社《厚生福祉》雜誌的松田鈴夫總編輯來找我——《厚生福祉》一週發行兩次，主要對象是參與厚生福利、保健等衛生行政領域的人員。總編輯向我提出邀請，希望我能為雜誌撰文。我的專業是法醫學，或許能寫出兩、三篇相關的文章，但實在寫不了太多，於是予以婉拒。然而，他要我不拘主題，只要以法醫的觀點出發，寫什麼都可以。

若是這樣，那我想說的事情實在太多了，於是便接受了邀約，一個月寫一篇文章。

要告訴大家發生了這麼離奇的事件，透過報紙或週刊應該是不錯的選擇。此外，我也挺希望能夠透過一起事件，將我的想法與生命態度傳達給讀者。

或許正是這點引起讀者的共鳴了吧，文章頗獲好評。

三年後的某日，這次換出版部的藤田昌司先生來問我要不要出單行本，他說：「先不管文章如何、字數如何，出書的話，不但兼有介紹法醫工作的功能，也能夠透過不同的事件，真實地展現出您的人生觀。」

那年，我剛好六十歲。

身為一名法醫，我很熱愛自己的工作，一直以來，我勤勤懇懇一股腦地鑽研著法醫學。然而，一般人對監察醫制度太陌生了，我常常在想，監察醫制度是為了維護死者生前的人權，而且對社會秩序的維持有所貢獻，因此向世人介紹這個制度也是我的職責。於是，我馬上答應出書。

當時，醫師都是六十歲退休，不過，由於想擔任法醫與保健所醫師的人數較少，因此退休年齡都是延長至六十五歲。我擔任法醫三十多年以來，相驗及解剖過兩萬具屍體，也當了五年的院長，剛好是六十歲。

這時告一段落也不錯吧！如果我再貪心地工作五年，雖然這五年的待遇優渥，但之後恐怕我的頭腦、身體都轉不動，要寫東西也寫不出來了；這時候退休應該可算是畫上一個完美的句點。這麼一想，我便下定決心了。

這一回，我只要將之前寫的文章再加工一下即可。

本書書名，我原本打算取名為「與死者的對話」，但責任編輯藤田先生認為這個書名不夠震撼，而且，「對話」一詞已經被美濃部都知事❶用爛掉了，毫無新鮮感。於是我問藤田先生想取什麼名字。

他回答：「屍體在說話。」

嚇我一跳。太可怕了！而且太過直接，沒有美感。放在書架上，感覺半夜屍體還會跑出來說話，這麼噁心的東西誰要看啊？我立刻反對。

藤田先生是這樣說明的。幾年前，丸谷才一先生出版了《僅一人的反亂》。那本書很紅，我也曉得。丸谷先生當初是將書名定為「僅一人的反逆」，但在編輯會議上被修改成「反亂」。以日文來說，一人所為的情況為「反逆」，眾人所為的情況為「反亂」。大膽定為「僅一人的反亂」這種有點奇怪的日文，看到的人便會「咦?!」地被書名釘住，這就是所謂的「震撼」了。

「與死者的對話」也有相當的震撼力，但「屍體在說話」表示沉默的屍體會叨叨絮絮地訴說些什麼，這才更有震撼力吧！想想的確如此。我很感激藤田先生對我做了這番說服力十足的說明，而我想出來的書名就作罷了。

結果，書名取得好，成為暢銷的契機，這全得拜藤田先生優異的敏銳度之賜。如今，他已是一位知名的書籍評論家了。

---

❶美濃部亮吉，日本經濟學家、政治家。

時值改版成文庫本之際，我重拾本書，憶起當時種種。

時代變了。同時，人心也不一樣了。十年前，我還在當法醫時，那時候的命案都是因為金錢或異性問題等，導致被害者與加害者的人際關係生變，加害者最後不堪痛苦而狠心行凶。

然而，現今逮到的犯人，他們不是氣急敗壞，就是失控抓狂，為了搭電車時有沒有踩到腳，或者只是一時動念想殺人等，都是一些不成動機的情緒衝動，就這麼魯莽地犯下殺人罪了。

就連手法也變了。不少是與高額保險金有關，或者是巧妙的毒殺事件，而且將屍體大卸數塊分屍各地的例子也愈來愈多……真是個恐怖的時代！

可是，面對這些，我們的鑑識（相驗）制度卻依然故步自封。法醫學專家相驗後，若依然無法判別死因，有監察醫制度的五大都市另當別論，其他地區都沒有可順利解剖以釐清真相的制度。由於異常死亡的概念不清不楚，有些有通報、有些沒通報，不排除有部分命案就這麼默默地被埋葬於黑暗中了。

要將監察醫制度推廣到全國各地，預算上雖有困難，但我們一個縣有一所大學，有專家，解剖設備與檢驗部門也都很齊全。相驗、解剖一具異常死亡的屍體，大約花費三十萬日圓，只要制定行政措施，撥出相當的預算，一個縣一年就算有五十起異常死亡事件，也只要花費一千五百萬日圓的預算便能維護該縣秩序了。

由衷希望這項發展方針能夠早日確立，為此，我會不斷撰文呼籲的。

二〇〇一年七月，上野正彥

死者最善辯

——讀者回響——

★雖然作者的觀點和一些表達方式等比較傳統、守舊，不一定讓現代人都能認同，但是關於人的生存意義、死後被談論的事情……有很多，都不得不讓我去細細省思。

★喜歡這本書，也從中學到許多——讀好幾遍都不會膩！

★在本書出版之前，我就認識上野法醫了，但遇上這本書之後，我愈來愈喜歡他，尊敬的心情也更加強烈。本書是根據案件的情況，以短篇文章寫成，即使是忙得很難抽出時間讀書的人，也能夠一天一則地閱讀，最讓人吃驚的，是其內容的趣味之深。書中的死亡案件，有的離奇，有的即使是過著普通的生活也可能會遇到……上野法醫幾十年來面對遺體時的喜悅、悲傷、苦惱等，都滿溢在這本書之中。我個人認為，若有人想閱讀上野法醫的著作，務必先從《屍體在說話》開始讀——這裡，充滿了一位法醫的原點。

★這本書竟然有上過小學生的「推薦圖書」……雖然書名很震撼，但這是知名監察醫上野正彥法醫以「什麼是法醫學？」為主題所寫，內容其實是嚴肅認真的，但又不失趣味性，是一本通俗易懂的作品。書中有許多是上野法醫參與過的案件，從沉默的屍體身上查明死因、推理真相的過程非常真實，雖沒有多令人震驚的戲劇性描述等，但讀起來相當坦誠且吸引人。我覺得，「死者其實還活著」、「維護死者的人權」這樣的話，正是實實在在、真心真意從事這門工作的上野法醫才說得出口的名言，而這部著作也實為大眾法醫學書籍中的名著。

★《屍體在說話》是我初中時就迷上的書，我覺得喜歡推理小說的朋友一定會感到很有趣。這就是現實嗎？真有如此奇葩的死亡嗎？上野法醫的文章非常吸引人，以死為主題，卻不沉悶，從死亡之中可以看出人的悲哀，但也有能夠讓人笑出來的什麼在其中……如果你厭倦了推理小說，那就用這本書重新振作一下吧！

★就是這本書喚醒了我的紀實文學之魂！在那之前，因為工作的關係，我幾乎只看商務類書籍。雖然有些丟臉，監察醫這個制度，對於住在鄉下的我來說，在看這本書時還是第一次聽說呢！《屍體在說話》讓我對「死者的人權」這個詞產生了強烈的興趣。

★故事的展開非常精彩，讓人無法想像這竟是一位法醫所寫的文章。從事件的描寫開始，讓讀者一邊思考一邊解謎，並且，把那個焦點與該事件的背景相關的社會問題都聯繫了起來。

★非常非常的有意思！上野法醫把自己的驗屍經驗寫得很有臨場感，讓我還想多讀點他其他的作品。

★這是我之前就很關注的一本書，後來為了寫出有趣的小說，終於把它買來看，比起拙劣的小說，上野法醫的案例記錄絕對有趣多了。透過屍體，儘管死者已經不動、不再開口了，但就彷彿他還可以說話、還能動那樣的，讓我們窺見了他的人生——「屍體真的在說話」。

★通過對遺體進行鑒定，可以進一步瞭解死亡的情況和真相。作者以自己多年的經驗，列舉了很多案例，文筆很故事風，所以容易讀；而且由於是我不太熟悉的職業，所以讀起來十分的有意思，是很值得一讀的作品。

★真的很有趣，我很能夠理解上野法醫的工作內容和心情，期待能有續集。

★每一個故事都很短，好像在讀推理小說的短篇集，一轉眼就讀完了。閱讀之前本來以為是更離奇的書籍，不過，不論是事件、事故的背景和作者的想法，都有真切的被描寫出來，非常有趣——不愧是能不斷再刷的書。

★上野法醫還在當法醫的時期，是在昭和時代，書中也有案例是在戰後那時候的，從這個意義來看，正好大約是松本清張的世界，那是還無法善用電腦斷層掃描、磁力共振成像和基因等技術作為推理、假設、證據的時代，然而，就算如此，你還是會感歎——很多時候，現實世界發生的事，比小說世界裡的還離奇。

★一開始以為是懸疑小說，拿到手上開始讀，才發現完全不一樣。身為法醫的作者對事件的看法以淡泊的筆調呈現，因為沒有刻意去煽動恐怖的氣氛，所以並不沉重，能夠很順暢地去閱讀。在上野法醫的著作中，最喜歡的就是這本，簡單易懂，雖然面對的是死亡，但有時也會出現燦爛溫暖的故事，讓人忍不住微笑，真的很有意思。

★我覺得上野監察醫挺有作家的才能，在看這本書時，一開始讀就被深深的吸引住，會停不下來的一直讀下去。然而，當中最讓我敬佩的，還是他身為法醫的驕傲——守護死者的人權。

★這不是一本很謹慎的法醫學書籍，但是十分的有趣，真的。作者從驗屍的工作中，整理出讓一般讀者也能夠很感興趣的案例，就算完全沒有法律和醫學知識，也可以輕鬆閱讀……事件描繪寫得十分簡潔，但很發人深省，所以讀來一點都不會無聊——例如，有個案例談到屍體的下體為何會失蹤，雖然感覺這個案例有些不太得體，但不可諱言的，它十分的有娛樂性，就算你對法醫學沒有什麼興趣，讀到了也會感到有趣。

★讀讀它吧，解謎的過程挺有趣，我還以為這是一部電視劇呢！雖然這本書是幾十年前出版的，但至今也還是通用。希望像上野醫生那樣的監察醫能夠再多一些，在各種各樣的狀況下解開事故的真相——以期屍體的話可以不被掩蓋。